KB262652

표류하는
동아시아 공동체

내일을여는지식 정치 17

표류하는 동아시아 공동체

조재욱 지음

KSI 한국학술정보㈜

동아시아인들의 평화와 번영 그리고 진보를 위하여

필자가 동아시아 공동체라는 논의에 관심을 가지게 된 것은 대학원 박사과정 시절 은사님으로부터 『엔블록과 동아시아 경세』라는 한 권의 책을 받고 난 이후이다. 이 책은 어쩌면 은사님으로부터 받은 선물의 조그마한 보답이 아닌가 싶다.

지구화라는 새로운 상황, 동아시아 위기의 경험, 세계 여타 지역의 지역주의 강화 등은 동아시아의 미래를 생각하는 수많은 연구자들에게 동아시아 공동체라는 진지한 고민을 안겨주었으며, 이제 그 성과물이 학계를 중심으로 어느 정도 나오고 있다. 그러나 대부분의 기존 연구들을 보면 동아시아 공동체의 진전과정을 특정 국가의 역할과 리더십을 중심으로 살펴본다든지 또는 정치, 안보, 문화, 역사인식 같은 특정 영역을 중심으로 다루는 경우가 많았다. 종합적인 면에서 접근하기보다는 부분적, 단편적으로 고찰하는 경향이 강하였다. 그렇다 보니 동아시아 공동체 형성을 위한 대안 방안도 균형적인 시각이 결여된 상태에서 제시되는 한계점을 가지고 있었다. 이 책은 그러한 한계점을 보완하고자 시작된 작업이라 볼 수 있다.

그렇지만 이 책 역시 기존의 글들 못지않게 많은 문제점을 가지고 있을 것이다. 늘 동아시아 공동체에 관심을 가지고 있었던 터라, 또한 학회지에 이와 유사한 주제로 몇 편의 글을 게재한 적이 있었기 때문에 나름대로 자신감을 가지고 원고 집필에 도전하였지만, 막상 글을 쓰다 보니 많은 부분이 부족하다는 것을 새삼 깨닫게 되었다. 이는 아무래도 동아시아 공동체라는 것 자체가 아직 미완성의 단계이기 때문에 그만큼 많은 가변성과 역동성을 지닌 탓도 있는 것 같다.

특히 이 책에서는 동아시아 공동체가 표류하고 있는 이유에 대해 많은 부분을 할애하고 있다. 이는 자칫 비생산적인 연구라는 비판을 받을 수도 있다. 그러나 한편으로는 현시점의 현상인식에 대한 객관적인 고찰 없이는 미래를 위한 바람직한 발전방향을 찾기가 쉽지 않다는 점을 감안할 때, 이 책은 동아시아 공동체 형성의 대안 방안을 찾는 데 다소나마 도움이 되리라 본다.

원고 집필을 마친 지 얼마 지나지 않아 김대중 진 대통령이 서거하였다. 그는 동아시아 공동체 구상의 구체화 작업을 주도한 대표적인 인물이었다. 당시의 그는 분명히 한국을 넘어 동아시아 지역 전체를 시야에 넣은 동아시아인이자, 동아시아의 지도자였다. 그러나 아쉽게도 그의 이념과 구상을 계승하는 역내 지도자는 더 이상 나타나지 않고 있다. 이 책을 통해 동아시아에 대한 그의 사랑과 열정에 경의를 표하고자 한다.

짧고 부족한 책이지만 원고를 작성하는 데는 다소 시간이 걸렸다. 그렇다 보니 이를 핑계로 두 번의 긴 방학 동안 가정에 소홀한 모습을 보인 것도 같다. 이 책을 통해 늘 너그러운 이해심을 가지고 필자를 유쾌하게 대해 주는 아내에게 고맙다는 말을 전하고 싶다. 또한 학부시절부터 지금까지 부족한 필자를 따뜻하게 맞이해 주시고 조언을 아끼지 않으신 경남대 정치외교학과 은사님들께도 깊은 감사의 인사를 드리고자 한다. 아울러 이러한 책자가 나올 수 있게 기회와 지면을 제공해 준 한국학술정보(주) 측에 감사를 드린다.

2009년 9월 조재욱

들어가는 말

두 차례의 세계대전을 겪은 유럽은 더 이상 비극적인 참화가 재발하는 것을 막기 위해 지역통합의 길을 선택하였다. "유럽은 존재한 적이 없고, 만들어져야 한다."라며 유럽통합의 비전을 최초로 제시한 장 모네(Jean Monnet)의 리더십을 필두로[1] 1952년 당시 프랑스 외무장관이었던 로베르 슈망(Robert Schuman)이 유럽석탄철강공동체(ECSC: European Coal & Steel Community)를 만들면서부터 유럽은 본격적인 통합의 길을 걷기 시작하였다. 이후 역내 국가들의 끊임없는 노력의 결과 반세기가 채 지나지 않은 1993년에 유럽연합(EU: European Union)이라는 거대한 공동체가 탄생되었다.

EU는 회원국 사이에 국경을 철폐하고 출입국 수속을 없앴다. 오늘날 EU 회원국의 국민들은 유럽국제공항을 마치 자기나라 국내공항 드나들듯이 자유롭게 출입하고 있다. EU는 유로화(Euro)라는 단일화폐를 사용하고 있기 때문에 회원국 국민

---

1) Jean Monnet, *Memoirs*(Doubleday & Company, 1978).

들이 역내 국가들을 방문할 때 굳이 사전에 환시세를 따져 가며 화폐를 교환하지 않아도 된다. 또한 EU는 무역의 자유화가 이루어져 회원국의 소비자들은 저렴한 가격에 양질의 상품을 선택할 수도 있다. 이 외에도 안보, 교육, 문화, 노동, 농업, 사회복지 등 다양한 영역에서 공동의 정책을 취하면서 유럽의 부흥과 발전을 꾀하고 있다. EU는 공동체를 출발한 지 50년이 조금 지난 2009년 현재, 27개국의 회원국, 인구 약 4억만 명, 세계 GDP의 약 1/4를 점하는 '글로벌 파워' 그룹이자 '평화와 공동번영의 상징'으로 등장했다. 아쉽게도 동아시아에서는 아직까지 상상에 불과한 먼 미래의 이야기이다.

동아시아 지역은 1980년대 이후 역내 국가들 간의 활발한 무역과 투자 증진을 바탕으로 경제적 상호 의존 관계가 심화되어 왔음에도 불구하고 이에 상응하는 지역협력구도를 구체화시키려는 노력이 상대적으로 미흡했다. 이와 관련한 어떠한 시도도 없었던 것은 아니지만, 적어도 1990년대 중반까지는 이렇다 할 계기가 마련되지 못하였다. 1990년대 초반 당시 EU와 북미자유무역지대(NAFTA: North American Free Trade Agreements) 결성과 같은 범세계적 지역주의 추세에 대응하여 경제협의체가 구상되기도 하였지만 역내 국가들의 소극적 태도와 미국의 강력한 반발에 부딪혀 무산되고 말았다. 이후 동아시아의 지역협력 문제는 한동안 표류해 왔던 것이 사실이다.[2]

그러나 1990년대 들어 냉전의 종식과 빠른 지구화(globalization)의 진행은 동아시아에서도 공동체의 논의를 본격적으로 불러일으키는 동인이 되었다. 안보라는 이름 아래 군사동맹체제를 기반으로 한 냉전체제는 정치와 경제의 보호막이었다. 하지만 냉전의 해체는 곧 경제적 이익의 대립을 가져왔고, 전통적인 우방과는 무역마찰 및 시장개방의 압력이라는 갈등을 빚게 되었다. 결국 전통적인 협력체제는 약화되어 갔으며, 개별 국가의 이익에 따라 국제체제는 파편화되어 갔다.

---

2) 『경향신문』 2007년 3월 20일자.

더욱이 급속한 자본의 지구화로 인한 초국적 금융자본의 빈번한 이동과 약탈적인 운영형태는 한 국가뿐만이 아니라 지역적 차원에서 금융위기의 도화선에 불을 댕기기도 하였다. 이런 위험이 현실화된 것이 1997년의 동아시아 위기이다.

이러한 상황에서 제기된 것이 동아시아 지역협력이었으며, 나아가 동아시아 공동체를 건설하자는 공감대가 형성되기 시작한 것이다. 이후 동아시아 공동체 형성을 위한 논의는 학계를 비롯하여 각계에서 활발하게 진행되어 오고 있으며, 동아시아 공동체를 구체화시키기 위한 구상들이 끊임없이 제기되어 왔다. 그리고 동아시아 각국들은 ASEAN+3라는 협의체를 통해 동아시아 공동체 형성을 위한 모임을 정례화하고 있다.

동아시아 공동체 구상이란 한마디로 국민국가 단위로 나뉘어 있는 현재의 지역질서를 좀 더 통합된 공동체적 질서로 바꾸자는 것이다. 이 구상은 유사한 시도를 앞서서 실천하고 있는 EU의 경험을 중요한 역사적 진전으로 평가하면서 21세기 동아시아 지역의 평화와 번영을 지향하는 시각이 바탕에 깔려 있다. 동아시아는 글로벌 경제가 가져오는 기회와 위험에 슬기롭게 대처하기 위하여 '경제공동체'를, 분쟁과 갈등을 해소하고, 전쟁의 위험을 없애는 '평화공동체'를, 그리고 반목과 오해의 역사를 극복하는 새로운 '역사인식·문화공동체'를 구축하는 것이 매우 중요하다.

그러나 이 구상은 그 매력만큼이나 불확실성과 많은 문제점들을 내포하고 있다. 논의의 급속한 팽창과는 대조적으로 동아시아 공동체에 대한 열망은 점점 식어 가고 있는 게 오늘날의 현실이며 비관론이 지배적이다. 냉전체제의 해체 이후에도 동아시아에서는 냉전의 유산이 지속되어 동아시아 다자 간 안보협력체제의 형성이 지연되고 있다. 유럽과 달리 동아시아 국가들 간에는 식민지배의 부정적 유산이 여전히 강하게 남아 있고, 국가들 간의 규모나 경제력의 차이가 매우 크다. 신뢰를 형성할 만큼의 상호 소통의 역사도 일천한 상태이다. 무엇보다도 국민국가 중심의 발전주의, 부국강병적 지향이 매우 강력한 지역이어서 공동체론 자체가 국가주의적 논리에 포섭될 우려도 적지 않다. 또한 동아시아 공동체 구상에 미국의 참여에 대한 의견도 분분하다. 아시아 국가는 아니지만 이 지역에서 가장 강력한 영향력을 행사하고 있는 미국이 구성원으로 포함되느냐, 아니냐에 따라 공동체의 성격도 달라지고 국제적 파장도 달라지기 때문이다. '원대한 꿈, 복잡한 현실의 동아시아 공동체'이다.

초기와는 달리 시간이 흐를수록 역내 국가들은 동아시아 공동체를 둘러싸고 저마다 다른 생각을 가지고 그림을 그리려 한다. 역내 국가들은 동아시아 공동체의 진전을 위해 서로가 공조하기보다는 자기가 모두 중심이 되어야 한다고 주장하고 있다. '협력의 동아시아'는 서서히 '경쟁의 동아시아'로 바뀌고 있으며, 초기 '구심적·동반자적 지역협력'은 점점 '원심적·패권적 지역협력'의 모습으로 변해 가고 있는 것이다. 그래도 성과가 있다면 ASEAN + 3의 틀 속에서 동아시아 공동기금이 구체화된 것과 양자 간의 자유무역협정(FTA: Free Trade Agreement) 체결 정도이다.

동아시아 공동체는 한국에 있어서도 매우 중요한 일이다. 한국은 미국과 일본이 표출하는 해양세력의 충동과 욱일승천의 기세로 급부상하고 있는 중국이 표출하는 대륙세력의 충동의 한가운데 서 있다.[3] 그리고 아세안은 한국보다 중국 및 일본과 더욱더 긴밀한 관계를 맺고 있다. 변화하고 있는 동아시아 질서는 자칫 한국을 위기로 몰아갈 수 있으며, 이 위기를 기회로 바꾸어 놓지 못하면 미래가 매우 불투명해질 수도 있다. 동아시아에서 중견국가(middle power)인 한국은 자의적인 힘으로 이러한 현실을 헤쳐 나가기가 매우 힘들다. 그리고 남북한 간의 정전체제가 영구적인 평화체제로 전환되기 위해서도 동아시아 공동체는 반드시 필요하다. 그래서 한국은 김대중

---

3) 이수훈, "동북아시대론," 한국동북아지식인연대 편, 『동북아 공동체를 향하여』(동아일보사, 2004), p.72.

정부 시절 ASEAN+3 정상회의에서 동아시아 공동체에 관한 이념적 토대와 구체적 실천방안을 제시하는 등 큰 역할을 해 오고 있다.

이 책은 동아시아 공동체 형성을 위해 어떠한 일들이 구상되고, 진행되어 어느 정도의 성과를 거두고 있는지, 그리고 왜 진전의 속도가 느린지, 앞으로의 전망은 어떠한지를 검토해 보려는 시도로 시작되었다. 이 책은 동아시아 공동체 형성에 있어 역내 국가들의 전략, 역할 그리고 한계를 중심으로 논의하였다. 실질적으로 동아시아 공동체의 형성을 위한 지역협력은 주로 정부 주도로 이루어져 왔다. 물론 지식인이나 시민사회의 역할이 전혀 없었던 것은 아니었지만 동아시아 지역협력의 결정적인 추동력으로 작용해 왔던 것은 역내 국가들의 움직임 때문이었다.

동아시아 공동체의 여행은 이미 시작되었다. 아직까지 도착지로 향할 구체적인 항로도 정해지지 않았으며, 순항보다는 좌

초의 위기가 더 많았다. 배가 방향을 잃고 있으니 뱃길이 험할 수밖에 없다. 어느 세월에 목적지에 도착할지, 아님 영원히 표류할지도 모르는 상태이다. 그래도 배는 동아시아 공동체라는 도착지를 향해 쉬지 않고 거친 비바람과 거센 파도를 헤쳐 나가고 있는 중이다. 상호 반목과 대립, 전쟁과 수탈의 역사로 점철된 동아시아 지역에서 새로운 공동체가 탄생된다는 것은 분명 가슴 설레는 사건임에 틀림이 없다.

Contents

Contents

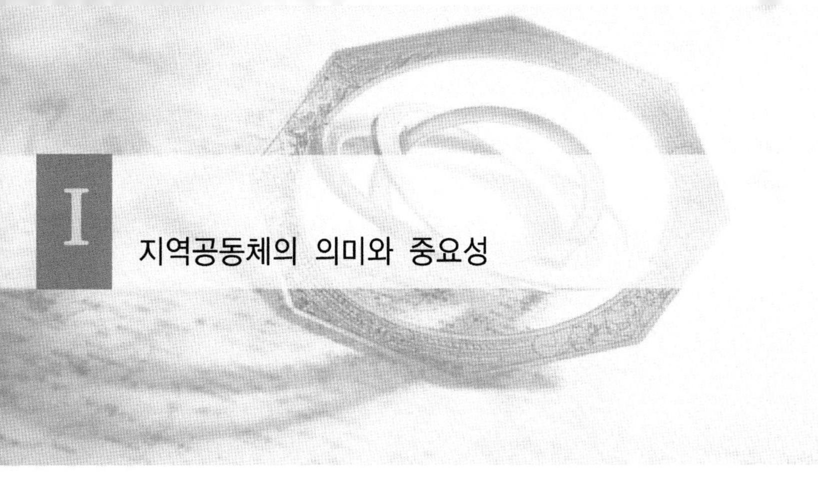

1. 지역공동체의 의미와 그 밑거름은 무엇인가

공동체는 하나의 협력체라는 의미로 쉽게 접근할 수 있을 것이다. 누구나 주지하듯이 홀로서기는 분명히 공동체가 아니다. 일반적으로 지역공동체 구상이라는 것은 어떤 지역 내의 여러 국가들이 정책적인 면에서 서로 협조를 꾀하기 위하여 결성하는 협력체라고 할 수 있는데, 좀 더 구체적으로 논하자면 각 국가들이 독자적으로 그들의 외교정책이나 기타 주요 정책을 행하려는 의욕과 능력을 배제하고, 공동으로 정책을 수립하거나 새로운 중심기구에 의사결정과정을 위탁하는 일련의 과정이라 볼 수 있다. 이렇게 볼 때 지역공동체를 형성해 나가는 과정은 일종의 통합(integration)과 제도화(institutionali-zation)의 과정이라 할 수 있으며, 완전한 지역공동체의 모습은 역내 국가들이 통합된 하나의 정치체제라 할 수 있다.

최근에는 지역공동체란 말이 지역주의(regionalism) 현상의 준거의 틀로서도 많이 다루어진다. 지역주의는 응집력이 있는 지역단체의 성립을 도모하기 위해 취해지는 일련의 정책으로서 그 지역 국가들과 여타 지역과의 관계 패턴을 결정짓는 동시에, 여러 쟁점에 관한 역내 정책의 조직적 기반을 형성하여 특정원칙에 따라서 경제나 안보협력을 하고자 하는 노력으로 규정할 수 있다.[4] 즉 지역주의는 지역적 단결이나 협력, 통합을 옹호 또는 주장한다는 의미이다.

---

4) 지역주의에 관한 여러 학자들의 정의를 간단히 살펴보면 다음과 같다. 래번힐은 지리적으로 제한된 기초 아래서 진행되는 국가 간의 협력구조로 보았다. John Ravenhill, *APEC and the Construction of Pacific Rim Regionalism*(Cambridge: University of Cambridge, 2001). 요시다는 지역무역협정의 창설을 위한 정치적 움직임으로 정의하고 있다. Yoshida Masami, "Regional Economic Integration in East Asia: Special Features and Policy Implications," in Vincent Cable and David Henderson(eds), *Trade Blocs?: The Future of Regional Integration*(London: Royal Institute of International Affairs, 1994). 헤거드는 역내 경제정책의 협조나 조정을 기본으로 하는 정치과정으로 정의하고 있으며, 지역주의의 최고 단계는 정치적 통합으로 보고 있다. Stephan Haggard, "The Political Economy of Regionalism in Asia and the Americas," Edward D. Mansfield & Helen V. Milner(eds), *The Political Economy of Regionalism*(New York: Columbia University Press, 1997).

지역주의는 그것이 무엇을 목표로 하느냐에 따라서 크게 두 가지로 분류할 수 있는데[5] 하나는 지역주의 자체를 하나의 '가치연대'로 보는 것이다. 이러한 가치연대의 지역주의는 감정적 요소를 포함하는 지역적 일체감 또는 정체감에 근거를 두고 하나의 이데올로기로서 제시될 수 있다. 예컨대 유럽인들이 유럽의 단결을 주장한다든지 아시아 국가들이 아시아인의 단결을 주장하는 것이 여기에 포함될 수 있다. 전후 유럽의 통합과정에서 나타난 유럽주의와 제2차 세계대전 당시 일본이 주장한 대동아공영권(大東亞共榮圈) 등은 지역주의가 하나의 이데올로기로서 표현된 것이다.

다른 하나는 지역주의를 특정한 목표의 달성에 도움이 되는 '수단'으로 보는 것이다. 이러한 수단적 지역주의는 국가가 자국의 이익을 실현하기 위해서 역내 국가 간의 협력을 추진하는 것을 말한다. 로버트 길핀(Robert Gilpin)의 지적처럼 지역주의라는 것은 국민국가를 대체하는 대안적 체제이기보다는 국가의 이익을 보다 충실히 실행하기 위한 국가들의 집단적 노력인 것이다.[6] 또한 이러한 수단적 지역주의는 외부의 위협

---

5) 이요한, 『아시아 지역경제론: 위기와 통합』(한국학술정보(주), 2005), pp.20 - 21.
6) Robert Gilpin, *The Political Economy of International Relations*(Princeton, NJ:

으로부터 자국을 보호하기위해 협력을 추구하기도 한다.

따라서 지역주의가 강화된다는 것은 가치 또는 이익의 공동체가 형성된다는 것을 의미할 수 있다. 그러나 최근의 지역공동체는 가치와 이익 요소를 모두 포함하고 있는 경우가 일반적이다. 예컨대 동아시아의 경우 1997년 동아시아 위기를 계기로 '아시아주의'라는 가치연대가 태동하게 되었고, EU나 NAFTA 같은 다른 특정지역주의와 경쟁 또는 대항하기 위해 동아시아 공동체를 준비하고 있다.

그렇다면 지역공동체가 탄생하기 위해서는 어떠한 조건이 필요할까? 우선 역내 국가들끼리 '만남'이 전제되어야 하고 이 '만남'이 지속되어야만 공동체는 유지될 수 있는 것이다. 따라서 지역공동체가 탄생되고 발전해 나가기 위한 일차적 조건은 만남의 중요성에 대한 공감대가 형성되어야 하고 만남 속에서 긴밀한 결속과 협력을 통해 경제이익 및 안보이익을 창출하거나 개별국가의 힘만으로 해결할 수 없는 문제를 공동으로 해결할 수 있어야 한다.

그 다음 조건은 역내 국가들 간의 '조응'과 '상생'이 절대적

Princeton University Press, 1987).

으로 중요하다. 만일 지역공동체를 위한 비전이나 사업구상에 있어 역내 국가들 간의 생각이 큰 차이점을 보인다면 공동체의 발전은 정체될 수밖에 없다. 지역공동체는 말 그대로 역내 국가들 간의 경쟁의 극복이며, 제로섬 게임(zero - sum)의 구조가 아닌 구성원 모두를 승리로 이끄는 윈윈(win - win) 게임의 구조라고 할 수 있다. 따라서 공동체 형성을 위해서는 역내의 각종 현안에 관한 논의가 사전에 충분히 이루어져야 하며, 서로 상생을 위한 합의점을 찾아야만 한다.

이러한 조건들을 충족시키기 위해서는 우선 역내 강대국들의 정치적 역할이 중요하다. 역내 강대국들이 저발전 국가들의 발전을 위해 '시혜적 공공재(beneficent public goods)'를 제공하거나 지역협력을 위한 공공재를 창출한다면 지역공동체는 더욱더 빨리 다가올 수 있다. 다음으로는 지속적 협력을 위한 제도적 뒷받침이 필요하다. 타 지역과 구별되는 지역공동체를 형성해 가는 과정에서 제도는 제도가 제공하는 이익 때문에 그리고 그러한 제도가 국가들의 계산과 이익을 정의하는 방법에 영향을 미치기 때문에 중요하다. 지역제도는 집단행동의 문제점을 축소함으로써 국가들이 협력하기 위한 동기를 제공하는 역할을 한다.

전 지구적 또는 지역적 차원에서 공동체를 논할 때, 그것은 일반적으로 크게 두 가지를 말할 수 있는데 하나는 경제적 공동번영을 지향하는 경제공동체와 다른 하나는 분쟁과 갈등의 평화적 해결방안을 바탕으로 하는 평화공동체이다. 그러나 지역공동체에 관한 대부분의 논의는 '경제적 차원'에서 많이 접근되고 있다. 예를 들면, 벨라 발라사(Bela Balassa)는 경제통합을 결속 정도에 따라 ① 자유무역지대(Free Trade Area), ② 관세동맹(Customs Union), ③ 공동시장(Common Market), ④ 경제동맹(Economic Union), ⑤ 완전한 경제통합(Complete Economic Integration)이라는 5단계를 분류하였다.[7]

제1단계인 자유무역지대는 정치·경제적으로 밀접한 관계에는 있는 2개 이상의 국가가 상호간에 현존하는 모든 무역장벽(관세, 비관세)을 제거하여 무역자유화를 달성하는 것으로서 지역협력의 가장 초보적인 형태라 할 수 있다. 제2단계인 관세동맹은 역내 국가 간 자유무역을 촉진하는 동시에 대외적으로는 공통관세를 설정하여 역외국에 공동으로 대응하는 경제

---

7) Bela Balassa, *The Theory of Economic Integration*(London: George Allen & Unwin Ltd, 1961), pp.1－5.

통합 형태를 말한다. 제3단계인 공동시장은 관세동맹보다 더욱 발전된 경제통합의 형태로서 역내에 있어 무역자유화뿐만 아니라, 노동과 자본 및 기업의 자유로운 이동까지 보장하는 경제통합의 형태이다. 제4단계인 경제동맹은 공동시장 형태에서 더욱 발전하여 회원국 상호간에 재정, 금융, 사회복지 등 모든 경제정책을 상호 조정하여 운영하는 경제통합 형태를 말한다. 마지막으로 제5단계인 완전한 경제통합은 경제동맹에서 보다 진일보하여 회원국들이 독립된 경제정책을 철회하고 단일 경제체제하에서 모든 경제정책을 통합·운영하는 완전한 경제동맹의 형태라고 할 수 있다. 그리고 회원국들은 이러한 완전한 경제통합을 바탕으로 정치통합까지 추구하게 된다.

오늘날 지역통합의 수준과 과정은 다양한 모습으로 나타나고 있다. EU는 이미 실질적인 경제동맹의 단계로서 자기활동을 한 지가 오래되었다. EU의 회원국들 간에는 상품과 자본이 자유롭게 이동하고 있다. 또한 유로화라는 단일 통화를 사용하고 있으며, 쉥겐(Schengon Agreement) 협정에 따라 별도의 여권심사 없이 회원국의 국경을 통과하고 있다. EU는 이를 바탕으로 명실상부한 하나의 정치공동체로 탄생하기 위한 단계

에 돌입 중이다. 동남아 국가로 이루어진 아세안과 브라질, 아르
헨티나 등 중남미 국가로 이루어진 남미공동시장(MERCOSUR:
Merado Common Sur)은 자유무역지대 단계에 있다. 그러나 아
세안은 2015년까지 공동시장을 형성하려고 노력하고 있으며,
남미는 2004년에 정치, 경제, 사회, 문화의 단일적인 공동체를
목표로 하는 남미국가연합(UNASUR: Union de Naciones Sura-
mericanas) 창설을 선언하였고, 이후 2009년 5월에는 정식으로
출범하였다.

그렇다면 다른 분야보다 경제적 차원에서 지역공동체가 많
이 논의되는 이유는 무엇일까? 이는 경제협력이 다른 분야에
비해 그 성과 및 강제성을 지닌 제도화의 움직임이 단기간 내
에 가시적으로 나타나고 있기 때문이다. 이제 지역공동체의
발을 디딘 동아시아도 금융협력 부분에서는 상당한 진전을 보
이고 있고, 무역협력 부분에서도 역내 국가들 간의 경제적 격
차가 현저함에도 불구하고 FTA의 체결 건수는 계속해서 증가
하고 있는 추세이다.

특히 경제분야를 수인의 딜레마(prisoner's dilemmas) 이론에
비추어 보면 안보분야보다는 역내 국가 간의 협력이 훨씬 용

이하다는 것을 알 수 있다. 경제협력은 안보협력에 비해 협력과 배반 사이의 보상 차이가 작다. 안보협력의 경우 배반은 국가안보에 치명적인 결과를 가져올 수 있으며, 만일 전쟁이 발생할 경우 배반에 대한 보복의 기회마저 없게 될 수 있다. 반면에 경제협력은 안보협력과 같은 결정적인 배반이 작용하지 않는다. 대부분의 경제활동은 비교적 투명하고 어느 한쪽의 배반이 상대방에게 피해를 줄 수 있지만 즉각적이고 치명적인 위험은 안보협력의 경우에 있어서보다 훨씬 덜하다.[8]

그렇다고 해서 경제협력을 안보협력보다 무조건적으로 우선시해야 한다거나 경제협력과 안보협력을 서로 분리하여 생각해서는 안 된다. 경제협력의 강화가 군사적 대결을 완화하며 궁극적으로 정치적 평화로 귀결될 수 있다는 경제협조론과 평화와 안정은 경제발전과 협력을 위해 절대적으로 필요한 조건이라는 안보우위론은 서로 배치되는 것이 아니라 상호 보완적인 것이기 때문이다. 안보협력이 경제협력보다 어려운 것은 사실이지만 경제협력과 함께 안보협력을 동시에 추구함으로써 경제공동체는 더 빨리 진전될 수 있으며, 이는 다시 평화공동

---

8) Charles Lispon, "International Cooperation in Economic and Security Affairs," *International Organization*, Vol.37, No.1(1984), pp.1 - 23.

체를 더욱 발전시키는 데로 귀결될 수 있다.

지역공동체 건설을 위한 방안으로 지역협력을 논할 때는 경제와 안보 같은 분야별 협력 이외 다른 다양한 수준의 협력도 고려되어야 한다. 특히 지역협력은 역내 강대국의 '정치적 고려', '리더십의 역할'도 중요하다. EU가 유로화라는 통화동맹을 모색한 이유는 바로 달러의 일극(一極)지배체제를 견제하기 위한 정치적 목적 때문이었다. 또한 EU가 오늘과 같은 거대한 지역공동체가 되기까지에는 프랑스와 독일이라는 두 지역 세력의 지속적이고 적극적인 리더십이 있었다. 북미지역도 하나의 경제권으로 묶일 수 있었던 데는 미국의 주도적 역할이 컸다.

지역공동체 건설을 위한 또 다른 수준의 중요한 요소로는 바로 '지역적 정체성(regional identity)'의 형성이다. 지역적 정체성이란 어떤 지역의 역내 협력을 촉진하고 역내 국가들 간의 내부적 결속을 강화시켜 주는 공동의 의식 또는 인식의 기반이다. 이러한 정체성이 결여된 지역협력은 단순히 경제적 이득에 기초한 국가 간 거래에 국한됨으로써 진정한 의미의 지역공동체 형성을 불가능하게 만들 수 있다. 유럽의 경우 경제적 이념에 대한 높은 공유의식, 강력한 소유의 재분배 정책, 노동보호, 농업보호, 소수세력보호 등의 공통된 정치와 경제, 시민사회의 이념을 수용하고 있다. 이처럼 유럽은 기본적인 비전을 공유하고, 민족국가를 뛰어넘는 정체성을 가지고 있었기 때문에 EU를 탄생 시키는 데 중요한 밑거름이 될 수 있었다.

2. 지역공동체는 왜 필요한가

아이러니하게도 오늘날의 세계는 '지구화'라는 현상으로 인해 지구공동체와 지역공동체라는 상반된 두 개의 흐름이 동시에 진행되고 있다. 지역공동체는 지구화에 역행하는 현상처럼 보이지만, 실은 지구화로 인해 지역공동체는 촉진되고 있는 것이다. 지역공동체에 대한 필요성은 여러 측면에서 제기되고 있지만 최근에는 무엇보다 '지구화의 위협에 대한 대응'이 그 중심에 서 있다. 이는 지구화의 압력이라는 환경 속에서 글로벌 정치경제의 중심 행위자는 국가에서 점점 지역공동체로 옮겨 가고 있다는 뜻과도 같다.

이처럼 오늘날 세계의 정치·경제를 논함에 있어 빼놓을 수 없는 것이 바로 지구화에 관련된 내용이다. 지구화는 일차적으로 경제적 세계화를 의미하지만 넓은 의미로는 경제 이외 정치, 사회, 문화 등 모든 분야에서 국가 간 상호 의존성이 심화되는 실질적인 지구촌 공동체가 형성되어 가는 과정이라 볼 수 있다. 다시 말해 지구화는 정치, 경제, 사회, 문화의 교류에서 '지리의 종말(end of geography)'이 일어나고 있는 현상으로

요약할 수 있을 것이다.[9]

이런 지구화를 뒷받침해 주는 것은 "시장은 좋은 것이고, 국가의 개입은 나쁜 것이다."라는 신자유주의(neo - liberalism) 이념이다. 신자유주의자들은 국가의 경제개입을 비판하고 무역과 자본의 개방화, 공기업의 민영화, 시장의 규제완화, 노동시장의 유연화 같은 정책을 강조한다. 따라서 오늘날의 지구화는 '신자유주의적 지구화(neo - liberal globalization)'라 할 수 있다.

그런데 이 지구화는 국가주권의 약화라는 문제점을 수반하고 있다. 국경을 초월하는 급속한 자본의 유출입은 한 국가가 독자적이고 효율적인 통화정책을 입안하고 실행할 능력을 빼앗아 버리고 말았다. 또한 해외직접투자의 유치를 위한 세금 감면, 금융지원 같은 다양한 지원책의 확산은 다국적 기업에 대한 국가의 협상력을 약화시키고 있으며, 국가경제의 고용과 투자 그리고 조세정책의 자율성을 침해하고 있다. 즉 국민경제는 세계시장에, 국민생활은 지구적 경쟁에 노출을 하고 있는 것이다.[10] 이러한 신자유주의적 지구화라는 냉혹한 현실은

---

9) Paul Virillo, *Global Financial Integration: The End of Geography*(London: Chatham House, 1992), p.17.

자칫 한 국가의 경제위기, 심지어 국가부도로 이어질 수 있으며, 이 위기는 나아가 이웃국가로 재빠르게 전이될 수도 있다. 대표적인 예로, 1997년 동아시아 위기와 2008년 세계금융위기를 들 수 있다.

국가는 혼자의 힘만으로 지구화라는 거대한 물결과 대응하기가 쉽지 않다. 그렇다고 해서 국가는 자국의 시장보호를 위해 중상주의(mercantilism) 전략만을 채택할 수는 없는 노릇이다. 오히려 시장개방의 확대는 오늘날의 불가피한 현실이다. 따라서 국가는 지구화의 위협에 대한 대응 방안을 '개방' 속에서 찾아야 하는데 지역공동체가 그 중요한 해결적 대안이 될 수 있다. 왜냐하면, 지역공동체는 지구화로부터 파생되는 위험을 대처할 수 있는 협력의 제도적 장치를 만들 수 있기 때문이다. 냉전 이후 EU가 동유럽을 포함한 확대유럽을 지향한 것은 범유럽주의라는 역사적 꿈의 실현이었지만, 실질적으로 미국 주도의 지구화에 대항하는 수단으로서 유럽의 정치·경제 통합이기도 했다. 이 외에도 남미의 UNASUR, 동아시아의 ASEAN + 3 등은 모두 지구화로부터 회원국들의 경제를 보호

---

10) 이에 관한 보다 자세한 내용은 다음의 글을 참조하라. 김세균, "신자유주의와 정치구조의 변화," 김성구·김세균 외, 『자본의 세계화와 신자유주의』(나남, 1998).

하기 위한 지역경제공동체의 산물들이다. 자본주의를 채택하고 있는 지구촌의 대부분 국가들은 한 나라의 경제나 한 나라의 민주주의로써는 신자유주의적 지구화라는 압력을 떨쳐내기 어렵다는 인식을 공유하고 있는 것이다.

최근에 동아시아에서는 세계금융위기를 계기로 다시 한 번 동아시아 공동체를 만들자는 한목소리를 내고 있다. 2008년도에 시작된 미국발 세계금융위기가, 미국이 주도한 지구화의 덪에 묶인 개도국에는 대재앙이 되고 있지만, 이에 대한 세계강국 미국의 배려는 좀처럼 찾기 힘들다. 지구화는 약자를 위한 배려가 없다고 보아도 과언이 아니다. 특히 세계금융위기 당시 동아시아 국가들은 경제운영에 있어 큰 잘못이 없음에도 불구하고 큰 희생을 감수해야만 했다. 이는 동아시아 국가들의 대미의존도가 아직까지 높다는 반증이기도 하다. 지구화 시대에 동아시아 경제가 대외요인에 의해 휘둘리지 않으려면 금융과 무역부분에서 과도한 대외 의존성을 낮추고 반대로 역내 시장의 의존도를 더욱 활성화시킬 필요성이 있는 것이다.

이 외에도 국가들은 지역공동체를 통하여 국제사회에서 발언권을 강화할 수 있으며, 역외국들과의 협상에서도 유리한 고지를 점할 수 있다. 예를 들면, 냉전 이후 유럽 국가들은 EU를 통해 국제사회에서 더 이상 미국의 하위파트너가 아닌 대등한 지위에서 영향력을 행사하고 있으며, 동남아지역의 아세안도 각종 국제회의에서 이니셔티브를 취해 나감으로써 역외세력들에 대해 협상력을 제고하는 데 성공적이라는 평가를 받고 있다. 남미의 UNASUR의 회원국들은 대부분 풍부한 자원을 보유하고 있다. 따라서 향후 에너지 가격이 급등하고 식량위기가 고조되는 상황을 고려할 때 남미국가의 이익을 대변하는 창구역할을 할 것으로 기대되고 있다.

3. 동아시아 범주는 어떻게 설정할 것인가

동아시아 공동체를 생각할 때 가장 먼저 제기되는 것 중에 하나는 바로 '동아시아(East Asia)'라는 범주를 어떻게 설정할 것인가이다. 결론적으로 말해서 동아시아를 하나의 범주로 이야기하기에는 매우 큰 어려움이 따른다. 동아시아의 개념은 우리가 생각하는 것만큼 그렇게 간단하지 않다. 왜냐하면 동아시아는 유럽이나 다른 지역과는 달리 매우 이질적이고 독특한 성격을 지닌 곳이기 때문이다.

우선 동아시아를 지리적으로 구분하는 데 있어 기준이 모호하다. 동아시아를 서구인들이 만들어 놓은 지도에서 쓰이는 개념만을 가지고 식별한다면 동아시아는 아시아 대륙의 동쪽을 뜻한다. 아시아 대륙의 동쪽은 동북아시아(Northeast Asia)와 동남아시아(Southeast Asia)를 모두 지칭하고 있다. 그러나 동북아 국가들의 일부 학자들은 동아시아를 논할 때 동남아 국가를 포함시키지 않는 경우도 종종 있다.[11] 일부 학자들이 이러한

---

11) 한국에서도 소위 동아시아학을 연구하는 지식인들은 거의 대부분 중국 또는 일본 전문가들이다. 최근에는 동남아를 연구하는 학자들이 예전에 비해 많이 증가하였으나 아직까지도 학계와 일반인의 관심이 협소한 편이라고 할 수 있다.

생각을 가지게 된 이유는 무엇보다도 동남아 지역이 동북아 지역보다 전략적인 면에서 덜 중요하다고 판단했기 때문이다.

1980년대 이후 동아시아는 태평양 지역과 연계된 아시아-태평양이라는 새로운 지역개념이 등장하였고 실제적으로 이 개념은 이후 통상적인 정치용어로 사용되고 있다. 아시아-태평양은 '태평양에 접해 있는 아시아', 즉 동아시아인가, 아니면 '아시아와 그 밖의 태평양 연안국가들', 즉 아시아와 아메리카인가라는 모호성을 가지고 있지만 대부분의 학자들은 정치적 의미로서 '태평양 속의 아시아', 즉 '미국 속의 아시아'라고 생각하고 있다.[12] 한국의 외무부서도 이러한 지리적 개념을 반영하여 '동아시아국(局)' 안의 아닌 '아시아·태평양국(局)' 안에 '동북아과(課)', '동남아과(課)'를 두고 있다.

동아시아는 정치, 경제, 문화 면에서도 다양성과 상이성을 내포하고 있다.[13] 동아시아 국가들의 정치체제를 보면 민주주의를 채택하고 있는 한국과 일본이 있는가 하면, 일부 동남아 국가에서는 권위주의 체제가 유지되고 있으며, 냉전이 종식되

---

12) 카롤린 포스텔-비네, 용경식 역, 『일본과 신아시아』(한울, 1999), p.87.

13) 김용복, 『엔블록과 동아시아 경제』(책세상, 2002), pp.16-17; 和田春樹, 『東北アジア共同の家』(平凡社, 2003), pp.77-79.

었음에도 불구하고 여전히 사회주의 체제를 고수하는 국가도 있다. 이들 사회주의 국가 중에서 중국과 베트남은 개방된 사회주의 국가로, 북한은 폐쇄된 사회주의 국가로 구분할 수 있다. 특히 한국과 북한, 중국과 대만은 세계에서 단 두 곳밖에 남지 않는 분단국가 형태를 띠고 있는 곳이기도 하다.

동아시아 국가들은 경제규모와 발전단계에서도 큰 차이점을 보이고 있다. 세계적인 경제 강국 일본, 경제 강국으로 부상하고 있는 중국, 신흥공업국인 한국과 대만 등을 비롯해 그 뒤를 잇고 있는 동남아 개발도상국들, 베트남, 라오스, 캄보디아 같은 저발전 국가들이 편재하고 있다.

또한 동아시아는 알파벳 언어, 기독교 문화(Christianity)와 백인종(caucasian)이라는 종교, 인종적 동질성을 바탕으로 하는 유럽의 EU와는 대조적으로 문화적 다양성이 매우 강하다는 특징을 갖고 있다. 특히 동아시아 지역은 동북아와 동남아 지역 사이에 역사, 문화, 종교, 인종적으로 확연한 간극이 존재하고 있다. 한국, 중국, 일본 등을 중심으로 하는 동북아 국가들은 기본적으로 유교 문화권으로서 인종, 문화, 역사 등의 분야에서 상호 많은 공통점을 가지고 있지만, 반면에 불교, 이슬

람, 기독교 등 다양한 종교 및 문화 그리고 인종적 배경을 가진 동남아 국가들은 동북아 국가들과는 물론 그들 내부적으로도 공통점보다는 차이점을 오히려 더 많이 가지고 있다고 볼수 있다. 다시 말해서 동북아와 동남아를 하나의 문화단위로 묶어 생각하기에는 상당히 어려운 측면이 많다고 할 수 있다.

이처럼 동아시아는 하나의 범주로 분류할 만큼 공통성이 많은 지역이 아니다. 그렇다면 '무엇'에 초점을 맞추어 동아시아를 하나의 지역으로 설정할 수 있을까? 첫째, 고정적 지리에 기초한 지역적 범주를 먼저 설정해야 한다. 이유는 고대로부터 지리적 근접이 가까운 만큼 상호 교류와 상호 작용의 가능성을 높일 것으로 기대되어 왔고, 또 실제로 그래 온 경우가 적지 않았기 때문이다.14) 지리적 근접성에 기초한 공동의 이익은 공동체로 나아가는 일차적 토대라 할 수 있다. 20세기 후반부터 21세기 현재에 이르기까지 한국, 중국, 일본 간이나 동남아 국가들 간 그리고 이들을 아우르는 동아시아 지역 전체에 걸쳐 지리적 근접을 통한 교류가 다른 지역권과의 교류에 비해 점차 증가하고 있는 추세에 있다. <표 1>과 <그림

---

14) 양길현, "동아시아 공동체의 가능성과 전략," 『동아연구』 제48집(2005), p.209.

1>에서 볼 수 있듯이 동아시아의 역내 무역비율은 EU와 NAFTA에 비해 다소 떨어지는 모습을 보이지만 꾸준히 증가하는 추세를 보이고 있다.

<표 1> 세계 주요권역 역내 수출비중 추이(%)

	1980	1985	1990	1995	2000	2005
북중미	33.6	43.9	41.4	46.2	55.7	55.0
유럽	61.0	59.2	66.8	66.1	67.2	66.2
동아시아	32.0	32.1	35.9	43.9	42.0	45.6

자료: 한국은행, 『대외경제정보』 2006 - 80호, p.12.

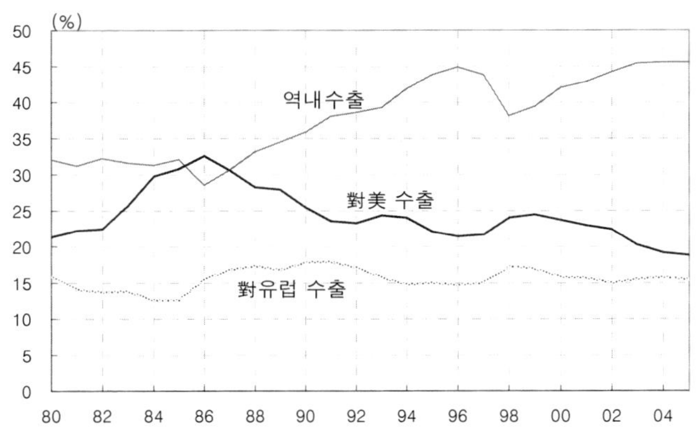

자료: UNCTAD(유엔무역개발위원회) 홈페이지 참조.

<그림 1> 동아시아 수출의 지역별 비중 추이

둘째, 공동체는 부가가치의 창출이 가능할 만큼 충분히 '넓은' 지역이어야 하지만, '깊은' 협력이 어려울 만큼 너무 넓어서는 안 된다. 만일 깊이를 생각하지 않고 넓이만을 추구하다 보면 당연히 통합의 구심력이 약화될 수밖에 없으며 항구적 공동체의 형성은 그만큼 어려워진다. 이런 점을 감안한다면 태평양과 유럽이 연계된 아시아는 타당치 못하다고 판단될 수 있다.

셋째, 지리적으로 근접한 국가들끼리는 서로 부족한 부분을 상호 보완하는 상보(相補)적인 관계의 범주 형성이 필요하다. 1997년 동아시아 위기는 동아시아 국가들 간의 상호 연관성이 얼마나 긴밀한가를 새삼 일깨워 주는 사건이었다. 태국에서 촉발된 위기가 인도네시아와 한국으로 감염, 전파되어 나가자 동북아와 동남아가 별개의 단위가 아니라는 인식이 널리 공유되었다. 그 결과 동북아와 동남아는 상호 긴밀하게 조정되고 유효적절한 협력이 필요하다는 것을 느끼게 되었다.

넷째, 동아시아 범주를 지리적으로만 구분한다면 자칫 한 지역범주의 설정이 자연적 과정으로만 이해되는 오류를 범할 수 있다. 어떻게 보면 지리라는 것은 '인위적 공간'에 불과할 수 있다. 따라서 지리적 근접성이 하나의 범주로 자리 잡고, 발전하기 위해서는 역내 '제도적 틀'이 반드시 뒷받침되어야 한다. 제도적 틀은 지역을 하나의 단위로 응집시킬 수 있는 정치적 결정을 가지고 있으며, 이러한 정치적 결정은 지역적 정체성을 형성하는 데 중요한 역할을 한다.

이러한 점을 고려할 때 동아시아의 범주는 동북아 지역과 동남아 지역의 결합 형태인 ASEAN+3의 범위가 가장 적합하다고 할 수 있다. 아세안 회원국과 한국, 중국, 일본으로 구성된 ASEAN+3는 지리적으로 근접하면서도, 경제 면에서 역내 국가들끼리 서로 상보적인 자원을 보유하고 있어 활발한 경제 교류를 기대할 수 있다. 그리고 2000년대 들어서는 ASEAN+3를 축으로 하는 지역주의 역시 본격적인 제도화의 길로 접어든 상태이며, 실질적으로 ASEAN+3 협력체제의 활동을 통해서 동아시아 공동체의 가능성을 모색하고 있는 중이다.

Ⅱ 동아시아 공동체의 발전과정은 어떠한가

1. 동아시아 공동체의 논의는 어떻게 시작되었나

동아시아에서 최초의 지역공동체 시도는 아마도 '대동아공영권'일 것이다. 이는 과거 일본이 이웃국가들의 동의 없이 이루어진 일본만의 지역공동체였는데, 지역의 이익이 일본에 종속되는, 따라서 동아시아 지역이 일본의 착취 대상으로서만 존재하는 식민지 지배론에 다름 아니었다. 대동아공영권의 구상은 일본군이 전쟁에서 패배하면서 막을 같이 내리게 되었다.

이후 동아시아 지역에 있어서 역내 국가 간 상호 협력 증진을 위한 초기 제도화 구상은 1960년대 후반부터 학계를 중심으로 계속해서 제기되었지만, 당시에는 냉전이라는 특수한 상황으로 인해 가맹국 구성의 제약과 한계가 뒤따랐고, 지역적 범위도 아시아라는 지역에 국한되기보다는 태평양 지역과 연계되어 있었다.

따라서 냉전시기의 동아시아 지역협력의 역사는 동아시아 지역을 중심축으로 시작된 것이 아니라 아시아-태평양 지역 간의 협력을 기반으로 민간주도에 의해 시작되었는데 1967년 태평양 경제협의회(PBEC: Pacific Basin Economic Council), 1968년 태평양 무역개발회의(PAFDAD: Pacific Trade and Development Conference), 1980년 태평양 경제협력회의(PECC: Pacific Economic Cooperation Council) 등이 등장하였다. 이후 1989년에 정부 주도의 아시아·태평양 경제협력회의(APEC: Asia-Pacific Economic Cooperation)가 설립되었다.

냉전시기 동아시아만의 지역경제협력 제도화를 위해서는 역내 제1의 경제 강국인 일본이 미국을 대신하는 적극적인 리더십을 발휘하여야만 했다. 그러나 일본은 그러한 의도가 전혀 없었다. 일본 자신이 1955년의 GATT 가입 이후 자유무역의 최대수혜자이기 때문에 어떤 형태의 공동체이든 동아시아 경제협력이 배타적 블록으로 나아가는 것에는 기본적으로 반대하는 입장에 있었다. 또한 지역통합을 형성하고 유지하기 위해서는 많은 비용을 일본이 부담하여야 하는데 그 비용부담은 일본에 실익이 없었다. 왜냐하면 일본과 동아시아 국가들 간의 경제발전 단계와 경제격차가 너무나도 커서 '규모의 경제(economy of scale)'에 의한 이익을 별로 기대할 수 없었기 때문이었다. 이런 이유로 일본은 동아시아 중심의 지역협력 제도화를 형성하기보다는 미국 및 환태평양 선진 국가들이 참가하는 아시아와 태평양이 결합된 지역협력 제도화 형성을 더욱 선호하였다.

냉전 이후 동아시아 공동체에 관한 본격적인 논의는 1997년 동아시아 위기의 극복과정을 겪으면서 시작되었다. 먼저 동아시아 위기에 대한 원인을 살펴보면 다양한 견해들이 존재하지만 크게 국내 경제구조에서 문제를 찾는 내인론(內因論)의 입장과 헤지펀드 같은 국제금융시장에서 원인을 찾는 외인론(外因論)으로 나뉘고 있다.

내인론은 동아시아 국가들의 경제작동 방식에 대한 비판이다. 국가의 과도한 시장개입과 정부 – 금융 – 기업 간의 긴밀한 공생관계 그리고 이로 인한 도덕적 해이(moral hazard) 현상이

경제위기의 직접적 원인이 되었다는 것이다.[15] 예를 들면, 한
국을 비롯한 대부분의 동아시아 국가들은 경제발전을 위해 금
융기관을 동원하여 기업의 경영지원을 책임져 왔다. 이에 외
국은행과 국제투자자들은 정부의 보증을 믿고 과도한 자금을
역내 금융기관들에 대출해 주었고, 이어 역내 금융기관들은
정부의 암묵적인 보증 아래 적절한 금융거래에 대한 규제 없
이 기업에 대출을 해 주었다. 이러한 도덕적 해이 현상은 한
편으로 기업의 자산가치를 부풀려 거품경제를 유발하였고, 다
른 한편으로 금융기관의 부실을 초래하였다. 결국 동아시아
경제에 대한 국제자본들의 신뢰를 감소시켜 국제자본의 유출
을 가져와 동아시아 위기가 발생했다는 것이다.

반면에 외인론은 국제자본의 급격한 지형변화가 위기의 촉
발원인으로 작용했음을 강조하는데 그 예로, 세계 전체적으로
자본의 과잉축적과 투기자본화 그리고 금융의 세계화 등을 지
적한다. 동아시아 위기는 태국의 경제위기가 외국 투자자들의
심리적 패닉을 일으켜 여러 국가로 전염되면서 투자자본의 갑

---

15) 내인론을 주장하는 대표적인 글은 다음과 같다. Paul Krugman, "Balance Sheets,
the Transfer Problem and Financial Crises," P. Isard, A. Razin(eds),
International Financial and Financial Crises(Kluwer Academic Publisher, 1999).

작스러운 회수를 가져와서 발생한 것으로 보았다. 즉 동아시아 국가들이 근본적인 문제를 갖고 있었다기보다는 외국 투자자의 비관적 기대가 자기 실현되면서 위기가 증폭된 것으로 보고 있다.[16) 예를 들면, 경제위기를 겪은 한국, 인도네시아, 타이, 말레이시아, 필리핀 등 아시아 5개국에 1996년에는 930억 달러의 외국 민간자본이 유입되었지만 위기가 발생한 1997년에는 120억 달러의 순유출이 일어났다. 근 1년 동안에 이들 5개국에서는 국민총생산의 11%에 해당하는 약 1,050억 달러의 외국자본이 단기간에 해외로 빠져나간 것이다.[17) 이렇게 자본거래의 자유화에 따라 자본이 무차별적으로 국경을 넘나들게 되자 외환시장은 국제적 투기자본의 영향을 크게 받게 되어 경제위기가 초래될 수밖에 없었다는 것이다.

국제통화기금(IMF: International Monetary Fund)은 동아시아 위기가 발생한 원인을 내인론에서 찾았다. 따라서 IMF는 위기를 겪은 국가들에 구제금융을 제공하는 대가로 긴축재정과 고금리의 통화 및 환율정책, 금융산업과 기업의 구조조정, 무역,

---

16) 외인론을 주장하는 대표적인 글은 다음과 같다. Joseph E. Stiglitz, *Globalization and Its Discontents*(New York: W. W. Norton, 2002).

17) Jeffrey Sachs, "Fixing the IMF Remedy," *The Banker*(February, 1998).

투자 및 자본의 자유화를 요구하였다. 그러나 IMF의 이 같은 일방적 처방프로그램은 경제위기를 극복하려는 역내 국가들에 오히려 부작용을 안겨 주었다. 긴축재정으로 인한 정부투자의 감소와 산업의 구조조정은 대량의 실업사태로 이어졌고, 자본의 자유화와 환율의 평가절하 그리고 외국인 투자에 대한 편의제공 등은 외국기업에 의한 토착기업의 잠식과 외채의 증가 등을 유도하였다.

이러한 IMF의 정책결정에는 미국을 비롯한 서구 선진국들의 영향력이 크기 때문이다. IMF는 정책결정에서 할당액에 비례하는 가중투표 방식을 채택하고 있는데 G7 국가들이 약 50%에 육박하는 투표권을 장악하고 있다. 제프리 삭스(Jeffrey Sachs)는 IMF는 중립적이지 못한 기구이며, 미국 재무부가 개도국에 개입하는 수단이라고 주장한다. 즉 IMF로부터 차관을 받은 국가는 결국 초국적 자본, 특히 미국기업에 의해 시장이 잠식된다는 것이다.[18]

개별국가의 경제적 특성을 생각하지 않는 IMF의 처방은 동아시아 국가들의 실물경제 침체를 더욱 악화시켰고, 역내 국

---

18) Jeffrey Sachs, "The IMF and the Asian Flu," *The American Prospect*, Vol.9, No.37(1998).

가들의 성장 잠재력을 잠식시켰다. 이런 맥락에서 존 래번힐(John Ravenhill)은 미국의 오만함이 동아시아 국가들로 하여금 힘을 합쳐 미국을 배제한 지역제도를 만들도록 유인했다고 주장한다. 래번힐은 동아시아 위기가 발생하였을 당시 미국의 재무부와 IMF가 긴밀히 공조하여 위기에 처한 동아시아 국가들에 차관을 제공하는 대신 과도한 조건을 부과해서 이들 나라의 경제를 미국의 의도대로 변화시키려 했다고 보고 있다.[19]

결국 위기의 경험을 겪은 동아시아 국가들은 IMF가 본래의 역할을 뛰어넘는 과잉행동을 범했으며, 동아시아 경제위기의 해결사가 아니라 오히려 위기를 심화시킨 주범으로 인식하게 된 것이다. 이에 동아시아 국가들은 IMF의 처방에 대한 비판이 고개를 들게 되었으며, 그 결과 동아시아 국가들 사이에서는 위기를 미연에 방지하고, 위기 발생 시 IMF의 도움을 받지 않고 자체적인 대응방안을 마련하자는 주장이 설득력 있게 제기되었다. 동아시아 위기는 동아시아 지역주의의 발달에 있어서 분수령이 되었고, 지역주의에 대한 관심을 고조시키는 긍정적인 효과를 가져온 것이다.

---

19) John Ravenhill, "A three bloc world? The New East Asian Regionalism," *International Relations of the Asia-Pacific*, Vol.2(2002), p.175.

동아시아 위기는 또한 동아시아 공동의 정체성을 형성하는 계기가 되었다. 동아시아 위기 이전 동아시아인들이 공유하고 있는 지역적 정체성은 거의 존재하지 않았으며, 존재하더라도 분명히 확립되지 않았다는 평가가 지배적이었다.[20] 그러나 동아시아 위기 극복과정에서 보인 서구자본들의 무자비한 횡포로 인해 역내에서는 동아시아 대(對) 서구라는 의식이 싹트기 시작하였고, 역내 국가들은 서로를 공동운명체로서 인식하게 되었다. 이와 같은 새로운 정체성의 형성은 공동의 행동을 용이하게 했고, 지역주의 제도화 과정을 촉진시키는 효과를 발휘하였다.

동아시아 위기 이외에도 동아시아 공동체 발흥의 또 다른 원인으로 미국 헤게모니의 상대적 약화를 꼽는 견해도 있다. 그렇지만 2000년대 초반까지만 해도 미국의 헤게모니가 약화되었다는 실질적 증거는 별로 없었다. 동아시아 수출에 대한 미국시장의 중요성은 여전히 컸다. 미국은 동아시아 위기 직후 일본이 내놓은 아시아통화기금(AMF: Asia Monetary Fund)

---

20) 예컨대 1990년대 전개된 소위 아시아적 가치(Asian Values)에 대한 논쟁은 동아시아 문화에 대한 그릇된 해석 때문에 역내 국가들 간의 정체성 함양에 별다른 기여를 하지 못했던 것이 사실이다.

구상을 좌절시킨 바 있으며, 동아시아 지역주의 대항마로 아시아·태평양 국가들과 개별적으로 FTA를 추진하고 있다. 특히 한미 FTA가 이러한 흐름에 분수령이 될 것이라는 지적도 제기되고 있다.

그러나 2000년대 후반 들어 미국의 지위가 조금씩 변화고 있는 것이 사실이다. 이러한 변화는 동아시아 공동체 논의를 재촉진시키는 동인이 되고 있다. 특히 미국발 세계금융위기 이후 미국의 경제상황은 매우 불안정한 상태이다. 따라서 미국의 경제력은 예전만큼 강력한 경제력을 발휘하지 못할 것이며, 이에 따른 미국시장의 소비 위축도 장기화될 것이라는 전망이 대두되고 있다. 이러한 가운데, 대다수의 전문가들은 동아시아 국가들의 대미수출이 계속해서 감소한다면 자연히 역내 국가들 간의 협력은 강화될 수밖에 없으며, 또한 미국만큼의 거대한 소비경제를 창출하기 위해서는 동아시아 전체의 막대한 소비 잠재력이 활성화되어야 하는데, 이를 해결하기 위한 가장 좋은 방안 중의 하나가 바로 동아시아 공동체 형성이라는 것이다.

2. ASEAN+3의 탄생

1990년대 세계 도처에서 지역주의화의 흐름이 강화되고 있는 가운데 1997년 경제위기를 맞은 동아시아에서는 소위 ASEAN+3라는 새로운 유형의 지역주의 틀이 등장하게 된다. 동아시아에서는 ASEAN+3 이외 다른 협력체들이 이미 존재하고 있었다. 그러나 동아시아를 대변하는 협력체로 ASEAN+3가 새롭게 부각되고 있는 것은 기존의 협력체들이 동아시아 지역협력에 있어 제대로 된 기능을 발휘하지 못하였기 때문이다. 예를 들면, 1989년에 탄생한 APEC의 경우 역내 경제발전을 위한 협력기구로 출발하였지만 미국의 의도에 의해 점차 아시아·태평양 지역에서 무역자유화 추진기구로 그 성격이 탈바꿈하였다. 또한 APEC 회원국은 동아시아, 북미, 남미, 오세아니아 국가들로 이루어진 너무 광범위한 지역 연합체다 보니 정치적 이해관계가 매우 다양할 수밖에 없었고, 그 결과 특정 의제에 대해 원칙적 합의만 있을 뿐 이행은 거의 전무한 실정이었다. 특히 APEC은 동아시아 위기가 발생하면서 그 위상이 급격히 떨어지게 되었는데, 동아시아 위기가 발생했을 때 APEC이 취한 조치는 1997년 밴쿠버 회의에서 협력의 필요성에 대한 몇 마디 외침뿐이었다.

다음으로 아세안의 경우 40여 년 동안 계속해서 새로운 회원국들을 꾸준히 받아들여 결국에는 모든 동남아 국가들을 포괄하는 지역협력체로 성장하였다. 아세안은 정치적으로는 APEC이나 UN 같은 대외적 광장에서 아세안의 공동 목소리를 내면서 어느 정도의 가시적 성과를 거두었고, 경제적으로도 1990년대 이후 아세안 자유무역지대를 추진하는 등 활발한 노력을 하였다. 그러나 동아시아 위기 때 아세안은 아무런 역할을 하지 못하는 무력함을 보였고, 회원국 확대에 따른 역내 국가들 간의 경제격차 문제를 해소하는 데 있어서도 역할은 극히 제한적이었다. 따라서 과연 아세안이 동남아의 지역통합체로서 적실성과 효율성을 갖고 제 기능을 수행할 수 있는가 하는 근본적인 의문이 제기되었으며, 이러한 아세안의 위기적 상황에 대해 일부 전문가들은 '아세안 한계론' 또는 '아세안의 실패'라고까지 평가하고 있다.

반면에 이 두 협력체와는 달리 동아시아 위기를 계기로 성립된 ASEAN＋3 체제는 짧은 기간에도 불구하고 '회의외교

(conference diplomacy)'를 통해 역내의 주요한 논의들이 결정되고 있으며, 그 가시적 성과도 조금씩 나타나고 있다. 현재 ASEAN＋3는 제도화 수준이 EU나 NAFTA보다는 낮지만 '지역 정체성'을 중심으로 한 동아시아 최초의 협의체 기구이며, 미국을 배제한 '동아시아만의 연대'라는 점에서 그 의미가 크다고 할 수 있다.

ASEAN＋3의 추진과정을 살펴보면 다음과 같다. 1997년 아세안 발족 30주년에 즈음하여 일본은 아세안에 정상회담 개최를 제안하였다. 일본의 제안에 대해 아세안 측은 한국, 중국, 일본의 정상들을 동시에 초대하고 싶다고 표명하였다. 아세안이 이와 같은 결정을 하게 된 이유로는 정치적으로 중국과 일본 어느 쪽이든 한쪽으로만의 외교적 편향을 피하기 위해서였고,21) 경제적으로 세계화 시대에 스스로 독자 생존하기가 어려운 동남아 국가들이 동북아 3국의 협력과 지원을 확보함으로써 자신들의 내부적 취약성을 극복하기 위해서였다. 그 결과 1997년 말레이시아 쿠알라룸푸르에서 개최된 아세안 창설 30주년 비공식 정상회의에서 아세안의 초대에 의해 한국, 중

---

21) 平川均, "アジア通貨危機: 東南アジアへのインパクト," 末廣昭 編, 『岩波講座 東南アジア史9"開發"の時代と"模索"の時代』(岩波書店, 2002), p.385.

국, 일본이 참여하게 되었고, ASEAN＋3라는 협의체 자리가 최초로 마련되었다.

이처럼 ASEAN＋3 첫 정상회의는 태국에서 촉발된 외환위기가 동아시아 전역에 경제위기로 확산되어 가는 가운데 말레이시아에서 비공식적으로 시작되었으며, 1999년에 제3차 마닐라 회의에서 공식 정상회담으로 자리 잡게 되었다. 이후 2009년 현재까지 12차 ASEAN＋3 정상회의가 개최되었다.

ASEAN＋3 정상회의의 주요 성과를 살펴보면 1999년 제3차 회의에서 '동아시아 협력에 관한 공동성명'을 채택함으로써 동아시아 지역협력에 대한 강력한 정치적 의지를 표명하는 계기가 되었고, 2001년 제5차, 2002년 제6차 회의에서는 '동아시아 비전그룹(EAVG: East Asia Vision Group)' 보고서와 '동아시아 연구그룹(EASG: East Asia Study Group)' 보고서를 채택함으로써, 동아시아 공동체의 청사진과 구체적인 협력사안들이 마련되었다. 2004년 제8차 회의에서는 제1차 동아시아 정상회의를 개최할 것에 합의함으로써 본격적인 동아시아 공동체 추진에 정치적 모멘텀(momentum)을 제공하였다.

ASEAN＋3의 또 다른 중요한 성과는 ASEAN＋3 정상회의와 연계하여 1999년부터 한국, 중국, 일본 등 동북아 3국 간 정상회의가 개최되고 있다. 한중일 정상회의는 애초 ASEAN +3의 틀 안에서 다양한 분야의 관심사항에 대해 자유롭게 의견을 교환하기 위한 느슨한 형태의 비공식 협의체로 출범하였지만, 2002년부터는 공식회의 형태로 격상됨으로써 보다 포괄적 협의체로 발전하고 있다. 이러한 ASEAN+3에 대하여 에드워드 링컨(Edward Lincoln)은 바로 다음 절에서 논의되는 '동아시아 경제회의(EAEC: East Asia Economic Caucus)'가 다른 이름으로 그 존재가 결국 다가왔다고 하였다.[22]

그러나 ASEAN+3는 EAEC의 구상과는 또 다른 차이점을 가지고 있다.[23] 첫째, 회의영역과 형태에서 보면 EAEC는 경제문제만을 회의에 상정하려고 하였지만 ASEAN+3는 경제회의뿐만이 아닌 안보회의, 환경회의, 에너지회의 등 동아시아 차원에서 거론되고 있는 각종 현안에 관한 회의가 이루어지고 있다. 또한 EAEC는 동아시아 국가들이 모두 참여하는 전체 회의를 고려하였지만, ASEAN+3 회의는 전체 정상회의 이외

---

22) Edward Lincoln, *East Asian Economic Regionalism*(Washington, D.C.: Brooking Institution Press, 2004), p.156.

23) 佐藤考一, "EAEC構想とASEAN＋3非公式首腦會議,"『東亞』404号(霞山會, 2001), pp.65－68.

에도 ASEAN+1 정상회의, 한중일 정상회의 형식의 개별회의
도 이루어지고 있다.

둘째, 회의의 참석대상에서 차이점을 보면 EAEC는 경제각
료를 중심으로 회의를 추진한 반면, ASEAN+3는 정상회의
이외에도 이것을 보완하기 위하여 외무, 재무, 경제, 노동 등
의 14개의 장관회의와 여기에 실무적 논의를 위한 19개의 고
위관료 회의, 2개의 국장급 회의, 18개의 실무급 회의 등 54
개의 정부 간 회의가 주기적으로 열리고 있다.

한편, 역내에서 동아시아 공동체 논의가 본격화되면서 ASEAN
+3의 발전을 위한 민간 차원에서의 다양한 협의체가 활성화
되고 있다. 이미 언급한 바와 같이 한국은 EAVG 등을 앞장서
추진하고 동아시아 공동체의 비전과 협력과제를 제시하면서
동아시아 역내 협력논의에 주도적 역할을 담당해 왔다. 이 외
에도 2003년 9월에는 ASEAN+3 회원국의 싱크탱크를 연결
하는 동아시아 싱크탱크 네트워크(NEAT: Network of East
Asian Tink Tanks)와 2003년 12월에는 EASG의 단기 협력사업
의 일환으로 트랙 1.5(Track 1.5) 성격의 동아시아 포럼(EAF:
East Asian Forum)이 발족하여 활발하게 활동을 하고 있다.

ASEAN+3 체제는 처음부터 구체적인 발전방향이나 궁극적 목표를 설정하지 않고 출범하였으나, 현재에는 참여 국가들 간에 동아시아 공동체를 추진하자는 공감대가 어느 정도 형성되었다고 볼 수 있으며 그리고 ASEAN+3라는 제도적 장치 속에 동아시아 발전을 위한 구체적 협력방안이 지속적으로 모색되고 실천하는 점을 고려할 때, ASEAN+3의 탄생은 동아시아 공동체의 시금석임에 틀림없다.

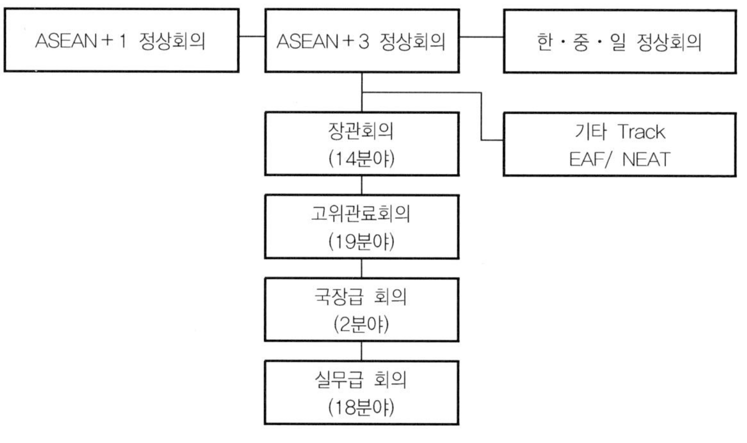

자료: 외교통상부 홈페이지 참조.

〈그림 2〉 ASEAN+3 운영현황

3. 마하티르와 김대중의 리더십

동아시아 위기 이후 역내 지역협력이 활성화되고 제도화될 수 있었던 원인 중에 하나는 바로 몇몇 국가지도자의 정치적 결단과 비전의 제시가 크게 작용하였기 때문이다. 동아시아 공동체와 관련하여 역내에서 가장 주목해야 할 정치지도자를 꼽는다면 단연코 말레이시아의 마하티르 모하마드(Mahathir Mohamad) 총리와 한국의 김대중 대통령이다. 마하티르와 김대중은 '동아시아의 장 모네'이었으며, '동아시아의 슈망 플랜'을 추진한 인물로 볼 수 있다.

마하티르는 동아시아 지역주의, 동아시아만의 경제공동체를 제일 먼저 주장한 선구적인 인물이었다.[24] 동북아와 동남아를 아우르는 의미에서 최초로 동아시아 지역협력체에 관한 논의는 1990년 마하티르가 '동아시아 경제그룹'(EAEG: East Asia Economic Group)을 제안하면서부터 시작되었다. 마하티르는 3

---

24) 1990년대 마하티르에 관한 연구가가 드문 한국에서 그를 가까이 지켜본 사람이 바로 이명박 대통령이다. 이명박 대통령은 현대건설 사장 시절 마하티르를 자주 만났는데 그에 의하면 "마하티르는 EU가 탄생되기 전인 1980년대 초에 이미 세계경제의 블록화를 예상하면서 아시아인들끼리도 뭉쳐야 산다고 강조할 만큼 앞을 내다보는 사람이었고, 끊임없이 '아시아적 모델'에 대한 고민을 하고 있는 사람"이었다고 평가하였다. 『월간 말』(1998년 8월호), p.66.

단계 전략을 통해 동아시아만의 경제공동체를 구상하고 있었
다. 제1단계는 아세안의 역내 경제교류를 확대화고, 제2단계
는 한국, 중국, 일본 등 동북아 국가들을 영입시키며, 제3단계
는 인도차이나 3국인 베트남, 라오스, 캄보디아를 회원국으로
받아들인다는 것이었다.[25)]

EAEG는 세계 지역주의 추세에 대응하고, 국제통상협상에서
동아시아 국가들의 발언권을 강화하기 위한 동아시아 경제공
동체의 시발이었다. 그러나 EAEG의 구상은 실패로 돌아가고
말았다. 마하티르는 협의와 합의를 중시하는 아세안 국가들에
EAEG에 관해 사전에 동의 없이 일방적인 제안을 함으로써
아세안 국가들로부터 반감을 사게 되었고, 역외에서는 미국이
EAEG에 대해 분명한 반대 입장을 표명하였기 때문이었다. 미
국은 1989년에 발족한 APEC이 만들어져 있는 마당에 일부 동
아시아 국가들만의 배타적인 그룹 형성에 달가워할 리 없었다.

이를 고려하여 이후 아세안 내부의 협의를 거쳐 'EAEC'가
발족하였다. 출범제안 1년 만에 EAEG는 EAEC로 탈바꿈한 것
이다. 말하자면 '대규모 결집체'가 덜 야심적인 자문을 위한

---

25) 오용석, "동북아 경제협력의 여건과 구상," 이홍표 외, 『동아시아 협력의 정치경제』
    (세종연구소, 1996), p.71.

'위원회'로 대체되고 만 것이다.

EAEC의 활성화를 위해 1994년 아세안 경제장관회의에서는 1995년 회의 시 아세안 6개국 이외 한국, 중국, 일본이 비공식으로 참여하는 경제장관 회동을 추진키로 합의하였다. EAEC 구상에서도 미국 등 역외세력은 배제되었다. 그 이유는 미국은 이미 EU에 대항하여 NAFTA를 결성한 상황이었고, APEC를 통해 아시아·태평양 지역에 대한 경제적 주도권을 계속 유지하고 획보해 니이기려 했기 때문이었다. 따라서 EAEC의 구상은 유럽의 EU와 북미의 NAFTA에 대응하여 동아시아 국가들의 또 다른 안전장치로서 독자적 경제협력체의 구성이 불가피하다고 보았다.

한편, EAEC의 구상에 있어 동남아 국가들은 과거와는 달리 일본에 대한 새로운 평가를 반영하고 있었다. 동남아 국가들은 일본을 1940년대 대동아공영권을 내세워 군국주의적 팽창을 꾀했던 위협의 대상으로 보기보다는 자국의 경제발전에 반드시 필요한 협력의 동반자로 생각하고 있었다.[26] 따라서 동

---

26) 전후(戰後) 일본은 정부개발원조와 해외직접투자라는 경제적 수단을 통해 동남아 지역의 경제발전을 견인하는 역할을 하였는데 이는 일본이 동남아 국가들로부터 긍정적 이미지 효과를 얻는 데 큰 효과를 보았다.

남아 국가들은 EAEC를 실현하기 위해서는 경제 강국 일본의 적극적 리더십에 큰 기대를 걸고 있었다. 일본 역시 동아시아 지역에서 경제적 패권을 달성하려는 의도가 있었기 때문에 긍정적인 고려를 하고 있었다. 그러나 결국 미국의 압력을 받은 일본은 반대 입장을 표명하게 되었고 EAEC는 실현되지 못하였다. 동아시아 차원의 최초 지역협력의 제기는 결국 실패하고 말았다.

비록 마하티르의 EAEG 및 EAEC 구상은 실패로 돌아가고 말았지만, 1990년대 초반부터 역외 국가들의 비판과 반대를 무릅쓰고 동아시아 지역협력체 결성의 필요성을 꾸준히 역설하면서 최초로 공개적으로 제기한 점 그리고 동아시아라는 지역적 범주를 구체적으로 설정한 점에 대해서는 높게 평가받을 만하다. 이러한 마하티르의 구상이 결국에는 ASEAN+3라는 협력체제의 근간이 되었고, 이후 마하티르는 ASEAN+3를 태동시키는 데 산파적인 역할을 담당하였다.

마하티르가 동아시아 공동체를 선구적으로 주창한 지도자였다면, 김대중은 동아시아 공동체 실현을 위한 실천방향을 제시한 지도자라 할 수 있다. 제2차 ASEAN+3 정상회의에서 김대중은 동아시아의 포괄적인 지역협력 증진방안을 논의하기 위하여 민간주도의 'EAVG' 결성을 제안하였고, 제4차 ASEAN +3 정상회의에서는 정부 차원에서 ASEAN+3 협력의 구체적 행동계획을 마련하기 위한 'EASG'를 제안하였다.

EAVG의 결과 보고서는 제5차 ASEAN+3 회의에서 제출, 채택되었다. EAVG 보고서의 제목은 "동아시아 공동체를 향하여: 평화·번영·진보의 지역"이다. 즉 보고서가 제시하고 있는 동아시아 협력의 궁극적 목표는 역내 '동아시아 공동체' 형성을 위한 것이며, 이를 위해 정치, 경제, 사회, 문화 등 6개 분야에 57개 협력조치를 상정하였다. 특히 이 보고서에서는 과거 공개적으로 논의하기 어려웠던 동아시아 자유무역지대 결성이라든지 지역금융협력기구 추진 등과 같은 민감한 사안들을 구체적으로 다루고 있다.

김대중의 제안과 노력은 동아시아 공동체 발전과정에서 매우 중요한 의미를 가진다. ASEAN+3는 참여 국가들 간의 높은 상호 신뢰 구축을 바탕으로 형성되었다고 보기는 어렵다. 특히 동북아 3국 간 신뢰구축은 이제 시작단계에 불과하며 동북아와 동남아 국가들 간의 신뢰구축 또한 초보적 수준이라

할 수 있다. 이와 더불어 지역통합을 주도할 수 있는 경제적 능력을 가진 일본은 정치적 리더십이 결여되어 있고, 동아시아 지역에서 자신의 영향력 확대를 도모하고 있는 중국도 아직은 충분한 실력을 갖추었다고 보기 어려운 가운데, 양국은 이 지역에서 총체적 패권경쟁 양상을 노정하고 있다. 이러한 상황에서 ASEAN+3 정상회의에서 제시된 EAVG 보고서는 동아시아 공동체 형성에 있어 개념적, 방법론적 기반을 제공하고 있다고 볼 수 있다.

그렇다면 마하티르와 김대중이 동아시아 지역협력, 나아가 지역공동체 형성을 위해 이처럼 리더십을 발휘한 배경은 무엇일까?[27] 마하티르의 정치적 정통성은 경제성장에 있었다. 따라서 말레이시아 경제의 지속적 성장을 지켜낸다는 것은 마하티르로서는 매우 중요한 일이었다. 마하티르는 동아시아 위기 이전까지 재임기간 동안 연 7~8%라는 높은 경제성장을 이끌었고, 말레이시아를 농업국가에서 산업국가로 탈바꿈시켰다.

---

27) 이에 대한 보다 자세한 내용은 다음의 글을 참조하라. 이재현, "마하티르와 김대중의 동아시아지역협력 구상 비교 연구," 『동남아시아연구』 제17권 2호(2007), pp.33 - 64; 이선향, 『마하티르의 도전: 말레이시아의 정치경제와 아시아적 가치』(학문과사상사, 2000); 최영종, 『동아시아 지역통합과 한국의 선택』(아연출판사, 2003), pp.184 - 187.

그러나 자유무역을 대표하는 우루과이 라운드(Uruguay Round) 협상의 실패와 유럽과 북미의 배타적 지역블록화, 지역주의의 움직임이 대두되기 시작하자 무역에 의존하여 경제성장을 해 온 말레이시아에는 큰 걱정거리가 아닐 수 없었다. 마하티르 는 이에 대한 대응책으로 동아시아 국가들과 함께 EAEG라는 경제적 연대발전 계획을 세우게 되었던 것이었다. 마하티르는 EAEG를 통해서 동아시아가 유럽과 북미의 지역블록화 움직 임에 효과적으로 공동 대응히고 지유무역의 증진을 위해 한목 소리를 내기를 원했던 것이었다.

또한 마하티르는 원래 서구문화에 대해 편파적인 사상을 가 진 인물이었으며, '아시아적 가치'에 대한 우월성을 주장하는 인물이었다. 반서구론과 대비되는 아시아적 가치론은 동아시 아 국가들이 경제발전을 하는 데 있어 긍정적인 작용을 하였 다는 것은 부인할 수 없는 사실이나, 이 논리는 서구사회로부 터 많은 비판을 받아 왔다. 서구의 입장에서 볼 때 아시아적 가치론은 동아시아의 '개발독재체제' 내지는 '권위주의 정권'을 합리화하려는 정치이데올로기였다. 이 때문에 마하티르의 반 서구적 선입견은 서구에 대해 무조건적 반감으로 이어졌고,

이는 서구와 배타적인, 대결적인 동아시아만의 지역주의로 표출되었던 것이었다.

한편, 김대중은 동아시아 위기 이후 역내에서 한국이 처한 힘의 현실적 면을 고려하였을 때 지역공동체가 필요하였다. 동아시아에서 중견국가인 한국은 지역제도를 강화함으로써 역내 강대국들의 자의적인 힘의 행사를 제약할 인센티브를 가질 수 있으며, 강대국 간의 교량적 역할을 통해 조정자로서의 이익을 취할 수 있다. 한국은 상대적으로 영향력이 큰 중국이나, 일본 그리고 국제교섭 및 협상에서 집단적 대응체제를 유지해 나가고 있는 아세안을 상대하기 위해서는 쌍무적인 제도보다는 다수의 회원국을 포함하는 광범위한 제도를 선호할 수밖에 없었다.

또한 김대중이 추진한 외교정책 중에서 중요한 부분을 차지했던 것이 바로 한반도에 평화를 정착시키기 위한 '햇볕정책'이었다. 그리고 그는 미국 일변도인 전통적인 외교노선을 수정하려고 노력하였다. 이 과정에서 외교정책의 균형을 회복시키려는 의도로 이전 정권과 비교해서 북한 및 중국에 더 큰 외교적 비중을 두었다. 이러한 측면을 고려해 볼 때, 미국이 빠진 동아시아 공동체는 한국의 외교에 균형을 가져올 수 있는 유용한 수단이었고, 이것은 또한 북한이 외부세계로 나오는 데 있어 유용한 장을 제공할 수 있었다. 이런 맥락에서 김대중 정부는 북한이 동아시아 지역제도에 참가할 수 있도록 외교적 차원의 배려와 지지를 아끼지 않았다.

그러나 김대중은 마하티르와는 달리 아시아적 가치에 대해서는 부정적인 입장을 가지고 있었다. 아시아적 가치를 이용해서 민주주의를 거부하는 것은 용납될 수 없는 일이며, 아시아적 가치를 기반으로 해서 상대주의와 보편주의 같은 극단적 편향에 빠져서는 안 된다고 주장하였다. 김대중이 생각하는 지역공동체는 마하티르가 생각하는 지역공동체보다 상대적으로 덜 배타적이면서, 덜 대결적인 특징을 가졌다고 볼 수 있다. 그러나 마하티르가 제기한 서구식 자본주의의 문제점, 아시아의 자존심을 추구하는 정책적 노력을 기울인 점, 전 세계 지역화 움직임에 대비하기 위해 아시아의 단결을 호소한 점은 교훈으로 삼을 필요성이 있다. 어떻게 보면 동아시아 지역주의, 동아시아 공동체의 형성은 현실과 자존심의 싸움인 것이다. 마하티르가 아시아의 자존심을 추구하는 정책적 노력을 기울인 점은 분명히 높게 사야 할 것이다.

동아시아에서 건설적인 공동체를 형성하기 위해서는 무엇보다도 명확한 비전을 가진 역내 지도자들의 리더십이 필요하다. 중요한 점은 이 두 지도자들이 현직에서 물러난 이후 아직까지는 이들을 대신하여 동아시아 공동체를 위해 리드해 나갈 역량을 갖춘 지도자들은 보이지 않고 있다는 것이다.

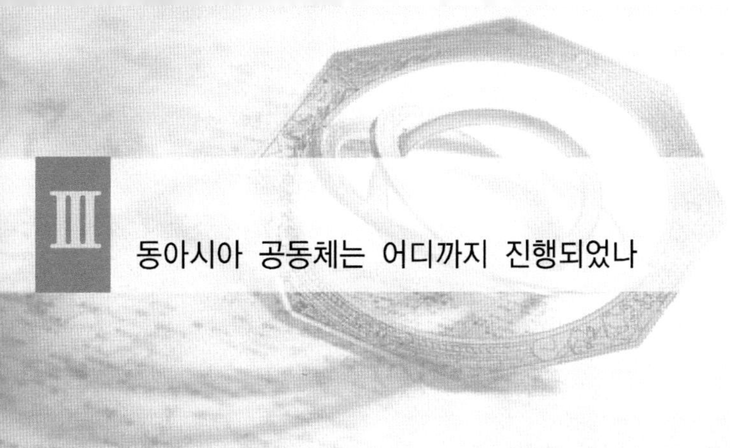

III. 동아시아 공동체는 어디까지 진행되었나

1. 진전하는 동아시아 통화협력기구

동아시아 공동체를 목표로 하는 다양한 구상들 중 가장 진전을 보이고 있는 것 중에 하나가 바로 통화협력 부문이다. 왜냐하면 동아시아 위기의 가장 큰 원인이 바로 금융문제였고 또한 통화나 금융부문의 협력은 무역자유화와는 다르게 국내 정치적으로 강력한 피해자를 만들어 내지 않기 때문이다.

동아시아의 통화협력에 관한 본격적인 논의는 동아시아 위기 직후에 시작되었다. 1997년 9월 19일 태국 방콕에서 개최된 아시아·유럽정상회의(ASEM: Asia－Europe Meeting) 재무장관회의에서 동아시아 위기와 같은 유사한 사태의 재발을 방지하고, 아시아 역내 국가 간 통화협력을 보다 체계화시키기 위해서 AMF의 설립을 추진하자는 의견이 일본에 의해 제시되었다. 곧이어 9월 21일 IMF와 World Bank 연차총회에서 일본은 비공개 재무차관회의를 요청하였고, AMF안을 설명하였다. 일본은 1,000억 달러 규모의 펀드 설립방안을 제시하면서 전체 납입액의 1/2 이상을 일본이 출현할 의사가 있음을 표명하였다. 이처럼 동아시아 통화협력이 진전될 수 있었던 것은 일본의 적극적인 리더십 때문이었다.

이에 동남아 국가들은 동조의 뜻을 나타내었다. 그러나 중국은 역내에서 일본의 영향력 증대를 우려하여 유보적인 입장을 보였다.[28] 미국과 IMF참석자는 아시아 역내에서의 독자적인 펀드설립이 IMF를 중심으로 한 기존 국제금융체계를 약화시킬 수 있다는 점에서 반대하였다. 그럼에도 불구하고 일본과 동남아 국가들은 아시아 지역의 경우 경제규모에 비해 IMF 쿼터가 작아 경제위기 해소에 필요한 유동성 지원이 충

---

28) 중국은 AMF를 일본이 동아시아에서 '엔 헤게모니'를 강제화하기 위한 시도로 간주하였으며, 중국이 WTO 가입을 위한 미국과의 원활한 협상을 위해서는 미국의 의견을 수렴할 필요성이 있었다. Kristen Nordhaug, "The United States and East Asia in an Age of Financialization," *Critical Asian Studies*, Vol.37, No.1(2005), p.111.

분히 이루어지지 않는다는 점, 국제투기자본의 규모가 당해 국 정부의 외환관리능력보다 훨씬 크다는 점 등을 들어 동아시아 지역을 위한 기금의 설치가 필요하다는 주장을 계속하였다. 1997년 11월에는 필리핀 마닐라에서 아시아 역내에 독자적인 펀드를 설립하는 문제를 본격적으로 논의하기 위한 마닐라 프레임워크(Manila Framework)가 개최되었다.

AMF의 구상에 대해 한국은 동남아 국가들과는 달리 초기에는 미국과 IMF의 압력에 순응, 반대 입장을 취하였다. 그러나 1998년 10월 29일 한일재계회의에서 전경련이 찬성입장을 표명하였고, 1998년 11월 일본을 방문한 김종필 총리가 한일 각료회의에서 AMF의 필요성을 역설하며 일본이 적극적인 리더역할을 수행하는 것에 대한 지지입장을 밝히기도 하였다.[29]

그러나 AMF의 창설논의는 미국의 적극적인 반대에 의해 무위로 끝이 나고 말았다. 특히 당시 AMF 창설추진을 책임지고 있던 일본의 대장성 재무관인 사카키바라 에이스케(榊原英資)는 실패의 원인으로 미국의 반대 이외 중국과 사전에 긴밀한 협의를 가지지 못했다는 점을 들고 있다. 만일 일본이 중

---

29) 당시 김종필 총리의 발언은 국내외에서 많은 논란을 일으켰는데 정부는 공식견해가 아니라고 해명하고 다소 유보적인 태도를 보였다.

국과 사전에 협의를 거쳐 동아시아 통화협력에 대한 협조적 리더십 체제를 갖추고 AMF 창설논의를 시작하였다면 그 결과는 훨씬 달라질 수도 있었다고 회고하고 있다.[30]

비록 AMF 구상은 실현되지 못하였으나 통화협력에 대한 일본의 이니셔티브는 통화스왑(currency swap) 체결로 이어졌다. 2000년 5월 6일 제2회 ASEAN＋3 재무장관회의에서 동아시아 국가들 간의 통화스왑 제도를 구축하기 위한 목적으로 '치앙마이 이니셔티브(CMI: Chiang Mai Initiative)'가 제안되었다. 통화스왑 제도는 국제수지 악화로 인한 자본지원이나 단기적인 유동성 압박을 해소하기 위해 체결국이 상호자금지원을 해 주는 것을 목적으로 하는 위기 지원용 제도이다. CMI는 동아시아 지역의 독자적인 유동성 지원장치의 설립을 구체화한 것으로서 동아시아 통화협력의 대표적인 성과로 간주할 수 있다.

---

30) 榊原英資, "爲替がわかれば世界がわかる," 『文藝春秋』12月号(2002).

〈표 2〉 CMI 양자협정 체결현황(2007년 7월 현재)

(단위: 억 달러)

해당 국가	통화	규모
한국 – 중국	원 – 위안, 위안 – 원	40억 달러(상호지원)
한국 – 일본	달러 – 원, 달러 – 엔	100억 달러(일본→한국) 50억 달러(한국→일본)
	엔 – 원, 원 – 엔	30억 달러(상호지원)
한국 – 인도네시아	달러 – 루피아, 달러 – 원	20억 달러(상호지원)
한국 – 말레이시아	달러 – 링기트, 달러 – 원	15억 달러(상호지원)
한국 – 필리핀	달러 – 페소, 달러 – 원	15억 달러(상호지원)
한국 – 태국	달러 – 바트, 달러 – 원	10억 달러(상호지원)
중국 – 일본	위안 – 엔, 엔 – 위안	30억 달러(상호지원)
중국 – 인도네시아	달러 – 루피아	40억 달러(중국→인도네시아)
중국 – 말레이시아	달러 – 링기트	15억 달러(중국→말레이시아)
중국 – 필리핀	위안 – 페소	20억 달러(중국→필리핀)
중국 – 태국	달러 – 바트	20억 달러(중국→태국)
일본 – 인도네시아	달러 – 루피아	60억 달러(일본→인도네시아)
일본 – 말레이시아	달러 – 링기트	10억 달러(일본→말레이시아)
일본 – 싱가포르	달러 – 달러(싱가폴), 달러 – 엔	30억 달러(일본→싱가포르) 10억 달러(싱가폴→일본)
일본 – 필리핀	달러 – 페소, 달러 – 엔	60억 달러(일본→필리핀) 5억 달러(필리핀→일본)
일본 – 태국	달러 – 바트, 달러 – 엔	60억 달러(일본→태국) 30억 달러(태국→일본)

자료: 일본재무성 홈페이지 참조.

　동아시아 위기 이전에도 동남아 국가들은 이미 통화스왑 협정을 구축하고 있었다. 그러나 동남아 국가들의 통화스왑 협정은 그다지 유용성 있게 활용되지 못하였다. 실제로 스왑이 이루어진 것은 5번 있었는데 인도네시아(1979), 말레이시아(1980), 태국(1980) 그리고 필리핀(1981, 1992)이었으며 모두 소규모의 통화스왑에 불과하였다. 즉 기금의 영세성으로 인해 외환부족 시 이 협정의 실질적 기여는 매우 미약하였다. 특히 1997년 동아시아 위기 당시 아세안의 통화스왑 협정은 전혀 활용되지 못하였다.

CMI 역시 일본의 주도로 이루어졌는데, CMI가 성공할 수 있었던 원인에는 AMF구상에 반대 입장을 표명했던 중국의 적극적인 지지와 함께 미국의 암묵적 동의가 있었기 때문이었다. 특히 미국이 CMI를 반대하지 않은 것은 AMF의 경우 지역통합을 유인할 수 있는 그리고 미국의 영향으로부터 벗어날 수 있는 국제기구였으나, 통화스왑의 구상은 <표 2>에서 알 수 있듯이 역내통합이 아닌 양국 간 협력에 주력한다는 점에서 AMF구상과는 다른 성격을 가지고 있었기 때문이었다.

CMI는 동아시아 통화의 안정에 많은 기여를 했지만 그 효과를 과신하기에는 한계점을 가지고 있었다. 왜냐하면 미국과 IMF의 지나친 간섭과 통제로 인해 통화스왑의 한도액이 지나치게 낮게 책정되었기 때문이었다. 예를 들면, 양국 간 통화스왑 금액의 10%까지만 IMF 구제금융 조건과 연계 없이 자체적으로 자동 인출할 수 있으나, 나머지 90%는 IMF 구제금융 조건에 연계되어 있었다.[31] 따라서 이 당시 CMI는 완전한 '동아시아 지역만'의 대표적 통화협력체제가 아닌 'IMF 융자제도를 보완'하는 'IMF의 부속적 성격이 강한' 동아시아 통화협력체제라 볼 수 있다.

이러한 문제점을 개선하고자 동아시아 국가들은 끊임없는 노력을 하였으며, 통화스왑 규모를 계속해서 확대해 나갔다. 그 결과 2005년에는 IMF의 자금지원과 연계되지 않는 스왑자금의 비율을 10%에서 20%로 상향조정 되었고, 2007년에는 양자 간 통화스왑을 다자 간 통화스왑으로 확대하기로 합의했다. 2008년에는 스왑을 공동기금으로 만들고 그 규모도 395억 달러에서 800억 달러로 늘렸으며, 다시 2009년 2월에는 1,200억 달러로 증액하였다. 이어 2009년 5월 3일 인도네시아 발리에서 열린 제12차 ASEAN＋3 재무장관회의에서는 중국과 일본이 각각 기금의 32%, 아세안이 20% 그리고 한국이 16%를

---

31) 참고적으로 유럽통화제도(EMS)에서는 다자적, 무제한적 지원이 가능하다.

부담하는 것으로 분담비율을 정하기에 이르렀다. 또한 향후 운영방식 및 법적절차의 문제도 조속히 마무리해서 2009년 연말까지는 출범하기로 공식 합의했다. 이로써 AMF가 제안이 된 지 12년 만에 역내 통화협력기구의 탄생이 눈앞의 현실로 다가오게 된 것이다.[32]

그렇다고 해서 역내 국가들이 공동기금을 독자적으로 사용할 수 있는 것은 아니다. 사용할 수 있는 자금은 전체의 20%(240억 달러)에 불과하다. 이 역시 IMF의 역할 축소를 우려한 미국이 IMF와 협의할 것을 조건으로 이 구상을 받아들인 탓이다. 그렇지만 역내 국가들이 AMF 설립을 위한 사무국을 신속히 신설하고 공동기금을 계속해서 확대해 나간다면 독자적 영향력을 행사할 수 있는 동아시아 통화협력기구의 탄생은 머지않았다고 볼 수 있다.

---

32) 문우식, "치앙마이 다자기금, 아시아 통화기금으로 발전하는가," 『프레시안』 2009년 5월 13일자.

2. 답보상태의 동아시아 자유무역지대

동아시아 위기가 점차 가라앉으면서 동아시아 국가들의 관심은 금융협력에서 무역협력, 특히 FTA에 관한 문제로 이동했다. 동아시아 국가 간의 쌍무적 혹은 다자적 FTA 체결 및 그를 위한 공동의 논의와 협력과정은 동아시아 경제공동체에 있어 중요한 모티브를 제공하며 상당한 긍정적인 영향을 미친다.

FTA는 무역자유화를 의미한다. 그러나 FTA 협상을 단순히 무역자유화라는 개념 속에서만 접근한다면 경제 대국과 개도국 간의 FTA 체결은 난항을 겪을 수밖에 없을 것이다. 따라서 양측이 FTA를 체결하기 위해서는 무엇보다도 시혜적 관점에서 경제 대국이 개도국의 요구를 일정부분 수용할 수 있는 정치적 아량을 베풀어야 한다.

ASEAN＋3 내에서는 중국과 아세안이 FTA를 2004년에 최초로 체결하였다. 중국과 아세안 간의 경제적 격차가 상당함에도 불구하고 양측이 FTA를 체결할 수 있었던 이유는 다름 아닌 중국의 정치적 리더십 때문이었다. 중국은 우선 아세안이 강한 농업분야에 있어 먼저 자유화를 해도 좋다고 약속했다. 또한 아세안 10개국 중 베트남, 라오스, 캄보디아, 미얀마 등 저발전 국가에 대하여 실제의 자유무역 실시 시기를 5년간 유예해 주었으며, WTO 미가맹국이지만 최혜국 대우를 약속하였다.

사실 중국의 입장에서 아세안과의 FTA 체결은 경제적 의미보다는 정치적인 의미가 더 크다고 볼 수 있다. 중국은 아세안과의 FTA를 통해 수출의 분산화 정책뿐만이 아니라 아세안에 존재하는 중국위협론을 불식시키고자 하였고,[33] 아세안과 좋은 관계를 유지하여 미국의 중국포위를 돌파하려는 의지도 갖고 있었다. 어쨌든 중국과 아세안 간의 FTA 체결은 동아시아 지역 전체를 포괄하는 동아시아 자유무역지대(EAFTA: East Asia Free Tread Agreement)를 향한 첫걸음으로 볼 수 있다.

다음으로 한국과 아세안이 FTA를 2005년에 체결하였다. 이에 비해 일본과 아세안 간의 FTA 협상은 그 진전속도가 한국과 중국에 비해 매우 늦은 편이었고, 일본은 아세안 전체보다 아세안 개별회원국가와의 양자 간 FTA를 우선시하였다. 이는 일본이 국제적으로 경쟁력이 없거나 약한 분야는 FTA 협상대

---

33) 關志雄, "中國のWTOとFTA戰略," 『中國經濟新論』(2003. 3. 17).

상에서 제외시키려는 경향이 강하기 때문이다. 따라서 FTA가 추진되더라도 협상과정이 오래 걸릴 수밖에 없으며, 실제로 성사되더라도 실질적인 내용에 적지 않은 제약이 따를 수밖에 없다. 대표적인 예로, 농수산물 분야를 들 수 있다. 그러나 아세안 교섭대상국들은 이런 농수산업부문에서 일본과의 수출확대를 희망하고 있다. 한마디로 일본은 경제 대국으로서 개도국인 동남아 국가들에 시혜적인 모습을 보여주지 못하고 있는 것이다.

양자 간 FTA의 총합이 곧 다자체제로의 이양을 의미하지는 않는다. 양자 간 FTA가 성공적으로 이루어질 경우 그러한 협상의 제고가 다자협정의 기반이 될 수 있겠지만, 협정의 성공적 타결을 위한 충분조건이 될 수 있는 것은 아니다. 오히려 양자 간 FTA의 증가는 다자적 협정에 장애물을 가져올 수도 있다. 양자 간 협정 자체가 개별 국가 간 특정조건을 기반으로 하여 맺은 것이므로 3개 이상 국가가 모여 협정할 때 공동의 기준을 찾아내기가 어려울 수도 있는 것이다. 이처럼 역내 FTA 체결이 양자 간 협정의 복잡한 구도로 형성된다면 오히려 EAFTA 같은 동아시아 전체 자유무역지대를 구축하지 못

할 수도 있으며, 이는 오히려 동아시아 공동체를 역행시킬 수
도 있다.

따라서 역내에 EAFTA를 탄생시키기 위해서는 한중일 FTA
의 성사가 반드시 필요하다. 실질적으로 한중일이 하나가 되
어 FTA를 성립시키지 못한다면 동아시아의 경제규모와 성장
가능성을 충분히 살릴 수는 없기 때문에 EAFTA 형성은 어려
울지 모른다. 한중일 FTA가 성사된다면 아주 미력한 경제력
을 지닌 아세안은 이 거대한 통합시장에 편입할 수밖에 없다.
만일 한중일 FTA 체결이 3국 간의 복잡한 이해관계에 의해
단기간에 추진이 어렵다면 한일, 중일, 한중 FTA를 먼저 생각
해 볼 필요성이 있다. 이 동북아 3국 중 어떤 양 국가라도 먼
저 FTA를 체결한다면 그 정치적 임팩트가 매우 크기 때문에
한중일 FTA 추진에 긍정적인 영향을 미칠 수가 있다. 그러나
일본의 소극적인 자세에 의해 한일 FTA는 협상이 결렬되어
있는 상황이고, 중일 FTA는 진행될 기미가 보이지 않고 있다.

한일 FTA 협상은 2003년 10월에 처음으로 개시하여 순항
하는 듯하였으나 2004년 11월 6차 회의를 끝으로 잠정적으로
중단된 상태이며 더 이상 진행되지 않고 있다. 한일 FTA 협

상이 교착상태에 빠진 책임에 대해 대다수 전문가들은 일본정부에 이유를 묻고 있다. 한일 FTA 협상에 참가한 한국의 한 외교관에 의하면 한일 FTA 협상이 결렬된 이유로 한국정부는 제조업계로부터 반감을 견뎌낼 준비가 되어 있지만, 반면 일본정부는 농업단체의 압력을 견뎌내기가 어렵다는 것이다. 한 예로, 2004년 11월 1일 도쿄 외무성 회의실에서 열린 한일 FTA 제6차 협상에서 일본정부는 한국에 공산품 시장의 99% 개방을 요구한 반면, 일본 농수산물은 50%만 개방하겠다는 안을 내놓았다. 이에 한국은 양국이 공산품 95%, 농수산물 90%를 열어야 한다는 입장을 제시하였고 양국 간의 협상은 결렬되었다.[34]

2002년 제6차 ASEAN+3 정상회의에서 중국의 주룽지(朱鎔基) 총리는 한중일 FTA 체결을 위한 공동연구를 제안하였다. 이는 중국이 일본과의 FTA를 검토할 용의가 있음을 시사하는 중요한 발언이었다. 고이즈미 준이치로(小泉純一郎) 총리는 중국과의 FTA는 중장기적 과제라고 생각하고 있다고만 표명하였고, 논의 진전을 위한 더 이상의 언급은 하지 않았다.

---

34) 김현기, "난항중인 한－일 FTA," 『월간전경련』 434호(전국경제인연합회, 2005) 참조.

이후 중국은 계속해서 일본에 FTA 협상을 촉구하였으며, 중일 FTA를 통해 동아시아 공동체에 다가서고 싶다는 주장을 하고 있다.

그럼에도 불구하고 중일 FTA에 대해 일본은 아직까지 별 반응을 보이지 않고 있다. 일본은 중국이 지적재산권 제도의 미비 등 몇몇 분야에서 WTO 규정을 준수하지 않는다는 이유를 들어 소극적인 자세를 계속해서 견지하고 있다.35) 이에 중국은 현재 WTO의 룰을 지키려고 제도개선에 심혈을 기울이는 모습과 의지를 보여주고 있기 때문에 이제는 일본의 적극적 자세의 전향이 필요하다고 주장하고 있다. 중국은 일본이 계속해서 FTA 협상에 대해 느긋한 발언만을 고집한다면 이는 동아시아의 무역통합을 위한 일본의 전략과 의지가 부재하다는 뜻과도 같다며 중일 FTA의 추진에 계속해서 압력을 가하고 있다.

한편, 한국도 일본과 마찬가지로 중국과의 FTA 협상을 처음에는 경계하였지만 최근에는 양국 모두가 한중 FTA는 절대적으로 필요하다는 시각을 공감하고 있다. 한중 FTA 추진 배

---

35) 小寺彰, "對アジアFTAの可能性 : 制度の觀點から," 『日中經協ジャーナル』109号(日中經濟協會, 2003), p.14.

경을 살펴보면 경제적 측면에서 볼 때 양국의 경제구조는 상호 보완성이 매우 높은 편이다. 2006년 현재 중국은 한국의 최대 수출국이자 제1위의 무역흑자국이며, 제2위의 수입국이다. 한국은 중국의 제4위의 수출국이자, 제2위의 수입국이다.[36] 정치적 측면에서 보면 양국은 매우 원만한 관계를 유지하고 있다. 특히 한중 FTA는 남북관계에도 큰 영향을 미칠 수 있다. 만일 한중 FTA가 체결된다면 한국, 북한, 중국 3자간의 경제적 교류와 협력의 분위기는 높아질 것이며, 한중 FTA를 통해 3국 간 교류와 협력이 증진된다면 북한을 개혁개방의 방향으로 유도할 수 있는 제도적 틀을 갖출 수 있게 된다. 중국은 한중 FTA 추진 시 미국과 달리 개성공단의 문제에 대해 협조적일 것으로 예상된다.[37] 이런 점에서 볼 때 한중 FTA 체결은 긍정적이라 할 수 있다.

---

36) 최원기, "중국의 한·중 FTA 추진배경과 한·중FTA 전망," 『주요국제 문제분석』 12월호(외교안보연구원, 2006), p.2.

37) 한국은 한미 FTA 협상 시 개성공단 생산품에 대한 무관세 수입을 요구했으나 미국은 이를 받아들이지 않았다. 한미 FTA 협정문 Annex 22-B는 한반도 역외가공지역(OPZ) 위원회 설립과 개성공단과 같은 특정 지역 생산품에 대한 관세 특혜를 규정하고 있다.

〈표 3〉 ASEAN+3 FTA 추진동향

관련국가	상황
아세안	AFTA 체결(1992. 1.)
한 – 아세안	협상시작(2005. 2.) 상품협정 발효(2007. 6.) 서비스협정 발효(2009. 5.) 투자협정 체결(2009. 6.)
중 – 아세안	정부 간 공식합의, 협상시작(2002. 11.) 상품협정 발효(2005. 7.) 서비스협정 체결(2007. 1.) 투자협정 실질적 타결(2008. 8.)
일 – 아세안	협상시작(2005. 4.) EPA 발효(2008. 12.)
한 – 중	산관학 공동연구 제1차 회의시작(2007. 3.)
한 – 일	협상시작(2003. 12.) 제6차 협상(2004. 11.) 후 중단 협상재개 검토 및 환경조성을 위한 1차 실무협의(2008. 6.)
중 – 일	논의가 없음.
한 – 중 – 일	중국의 주룽지 총리 공동연구 제안(2002. 11.) 이후 논의 없음.

　　최근 중국이 부상하고 있지만 그래도 동아시아에서 아직까지 경제적 리더십을 발휘할 수 있는 국가로는 일본이 제일 적합하다고 할 수 있다. 왜냐하면 일본은 세계에서 막대한 경제적 영향력을 갖고 있으며, 산업발전 수준이 높고, 산업조정 능력이 뛰어나 동아시아 지역의 산업 및 무역구조의 문제점을

보완할 수 있기 때문이다. 일본이 역내 국가들과 FTA를 통해 공공재를 공급한다면 동아시아 경제공동체는 그만큼 빨리 진전될 수 있는 것이다.

그러나 동아시아 무역협력에 있어 일본의 선택은 비협조적이었다. 특히 2006년 4월 4일 니카이 도시히로(二階俊博) 일본 경제산업상은 동아시아 경제통합을 위한 일환으로 '동아시아 포괄적 자유무역협정'(EAEPA: East Asia Economic Partnership Agreement) 구상을 발표하였다.[38] 일본의 EAEPA 제안은 ASEAN+3체제에서 발아되어 현재 동아시아 무역협력의 최종적 형태라 할 수 있는 EAFTA와는 명칭부터 다르며, ASEAN+3 이외 호주, 뉴질랜드, 인도를 명확히 포함하고 있다는 점에서 EAFTA와는 지역적 범주의 차이를 보여주고 있다. 이처럼 일본이 기존 ASEAN+3 체제 내에서 논의되었던 EAFTA 이외 또 다른 구상을 내놓은 것은 경제 대국으로서 동아시아에서 주도적이고 독자적으로 지역경제통합을 이끌겠다는 의지의 표출인 것이다. 그리고 호주, 뉴질랜드, 인도를 EAEPA에 참여시키려는 일본의 의도는 중국 중심의 동아시아 경제통합의 진전

---

38) 『讀賣新聞』 2006年 4月 4日.

을 견제하고자 하는 것이라 볼 수 있다.

유럽의 경험에 비추어 볼 때, 일단 국내시장의 규모가 큰 경제 대국이 지역에서 FTA 형성을 위한 확고한 리더십을 발휘한다면 지역 전체를 포괄하는 FTA가 보다 빨리 이루어진다는 것을 알 수 있었다. 동아시아에서 이런 역할을 맡을 수 있는 국가는 현재 세계 최고의 경제 강국 중에 하나인 일본이다. 그러나 일본은 미온적인 반응을 보이고 있다. 동아시아 전체를 포괄하는 FTA를 위해서는 일본이 자국의 이익만을 생각하는 FTA 전략을 추구할 것이 아니라, 공공재를 제공할 수 있고, 희생과 책임을 감당하는 FTA 전략으로 바꿔 나가야 한다. 일본은 동아시아 경제공동체를 위하여 역내 국가와의 FTA 협상과정에서 경제 대국으로서의 양보와 결단을 보여줄 필요가 있는 것이다. 일본의 FTA 전략은 자국민뿐만이 아니라 동시에 역내 시민들의 삶의 질을 향상시키는 내용이 확보되도록 재설계되어야만 한다. 그렇지 못하다면 EAFTA는 계속해서 정체상태에 머물 수밖에 없다.

3. 걸음마 단계의 동아시아 다자안보협력체제

동아시아 안보체제는 심화되는 상호 의존 관계에 기반해 국가 간에 활발한 협력이 행해지고 있는 동아시아 경제체제와는 심한 대조를 보이고 있다. 한마디로 동아시아에서의 평화공동체 움직임은 아직 초보적인 수준이거나 걸음마 단계에 있다고 볼 수 있다.

현재 동아시아 지역에서 평화공동체에 가장 근사한 형태와 취지를 가지고 있는 협의체는 1994년에 출범한 아세안지역포럼(ARF: ASEAN Regional Forum)이다. ARF가 출범한 배경은 냉전 이후 동남아 지역에서의 안보환경 변화 때문이다. 냉전 이후 동남아 지역에서는 미국과 소련 간의 전략적 경쟁관계가 해소되고 새로운 안보이슈가 부상하게 되었다. 즉 냉전시대에 잠재되어 있던 영토분쟁이 새로운 지역분쟁의 핵심으로 등장하기 시작한 것이다. 특히 남중국해의 남사군도(南沙群島) 영유권을 둘러싸고 중국과 동남아 국가들 간의 긴장이 고조되기 시작하였다. 이와 더불어 군사안보 이외 환경, 난민, 테러, 마약, 밀수와 같은 비군사적 부문에서의 안보위협도 증가하고

있었다. 이에 동남아 국가들은 기존 양국 간의 안보협력으로
는 이러한 문제를 효과적으로 대처할 수 없다는 판단을 하게
되었고, 그 대응방안으로 역외 국가와의 다자안보대화를 구상
하게 된 것이다.[39]

그 결과 1992년 1월 싱가포르에서 개최된 제4차 아세안 정
상회의에서 아세안 확대외무장관회의의 틀을 활용하여 아세아
안과 역외 국가들 간의 정치, 안보대화를 증진키로 합의했으
며,[40] ARF는 1994년 7월 방콕에서 출범하게 되었다. 2009년
현재 ARF는 아세안 10개국을 중심으로 27개국이 참여하고 있
으며, 참가국의 면면을 볼 때 중남미와 아프리카 지역을 제외
한 거의 모든 지역에 분포된 국가들이 참여하고 있다. 따라서
ARF를 동아시아라는 지리적 개념에 적용하는 것은 사실상 무
의미하다고 볼 수 있다.

그러나 동아시아 안보협력을 논할 때는 참가국의 범위설정

---

39) 외교통상부, 『아세안지역포럼』(외교통상부, 2001); 이원우, 『다자안보협력의 한계와
    제약: ARF를 중심으로』(한국학술정보(주), 2009).

40) 아세안 확대외무장관회의는 인도네시아, 말레이시아, 필리핀, 싱가포르, 태국, 브루나
    이 등 아세안 6개 회원국의 주도로 아세안의 대화상대국인 한국, 미국, 일본, 캐나다,
    호주, 뉴질랜드, 중국, 인도, 러시아, EU의장국 등 10개의 외무장관이 참석해 매년
    개최되는 정례회의이다.

문제에 대하여 유연하게 접근할 필요성이 있다. 동아시아에서 평화공동체를 형성하기 위해서는 무엇보다도 역내에 분쟁과 갈등을 미연에 방지하고 이로 인한 지속적인 안정상태가 유지되어야 한다. 그러나 동아시아에서의 안보상황은 타 지역에 비해 매우 불안정하고 예측이 불가능한 상황에 놓여 있다. 동아시아는 역내 패권경쟁이 치열한 곳이며, 특히 동북아 지역의 남북한 관계, 양안 관계 같은 냉전구도의 문제와 북한문제는 동아시아 안보위협의 불씨로 작용하고 있다. 따라서 ARF를 통해 역내 패권을 다투고 있는 강대국들을 한자리에 모이게 함으로써 그들 간의 대화와 정보교환을 통한 신뢰구축을 촉진시켜 갈등과 불필요한 경쟁을 견제할 필요성이 있으며, 또한 동북아 지역의 냉전국면과 한반도의 핵 관련 문제 같은 중대한 안보사안을 효과적으로 처리하기 위해서는 무엇보다 미국, 러시아 같은 주변강대국들의 참여와 도움이 절대적으로 필요하다.

ARF는 동아시아에서 정부 차원의 유일한 다자안보협의체이지만 다자안보협력기구로 나아가기에는 아직 많은 문제점을 갖고 있다. 앞서 ARF의 설립배경에서 설명된 바와 같이 ARF

의 활동은 아세안이 중심이 되어 추진되고 있어 역내의 중요한 안보문제는 동남아 중심으로 우선적으로 다루어지고 있다. 이러한 이유로 동북아 지역 특유의 안보문제를 다루는 독자적인 협력포럼을 설립하자는 주장이 대두되고 있는 실정이다. ARF의 의사결정방식도 표결이 아닌 아세안식 방식인 전원합의를 원칙으로 하고 있다. 따라서 역내에서 어떠한 실제적 위기상황이 발생하였을 때 ARF의 대처능력은 현저히 떨어질 수밖에 없다. 그리고 ARF는 회원국들이 구속력을 행사할 수 없다 보니 실질적으로 중요한 안보의제를 다루기에는 한계가 있을 수밖에 없다. 한마디로 ARF는 아직 다자안보협력기구라기보다는 '대화방'에 불과한 것이다.

그럼에도 불구하고 동아시아에서 ARF의 공헌은 무시할 수 없다. ARF가 비록 유럽안보협력기구(OSCE: Organization of Security and Cooperation in Europe)와 같은 기능과 위상을 갖고 있지는 않지만, 그동안 ARF에서 합의된 다양한 신뢰구축 사업들은 곧 예방외교를 위한 밑거름이 되고 있으며, ARF는 장기적 대화를 통해 신뢰와 이해를 증진시켜 나갈 수 있는 공간이라는 점에서 그 존재의 가치는 존중되어야 한다.

동아시아에서 다자안보협력이 힘든 이유는 앞서 언급한 ARF의 한계성도 있지만, 무엇보다도 동북아 국가들의 안보협력체제가 양자동맹에 그 근간을 두고 있기 때문이다. 냉전 이후에도 동북아 국가들은 한미동맹, 미일동맹, 북중동맹 같은 양국간의 안보협정이 지속적으로 유지되고 있다. 특히 미국과 일본의 안보동맹은 냉전이 끝난 이후에도 더욱 강화되는 모습을 보여주고 있으며, 이는 동아시아의 다자안보협력을 실현하는데 있어 제약적 요인이 되고 있다.

일반적으로 양자동맹은 동맹국들 간에 공동의 위협이 존재할 경우 유효한 방법이다. 냉전기에는 양자동맹이 가장 적절한 안보협력의 방법이었다. 이유는 사회주의 세력의 확산이라는 현저한 위협이 존재했기 때문이다. 그렇다면 냉전이 종식된 이후에도 미일의 양자동맹이 더욱더 강화되는 이유는 무엇일까? 그것은 바로 동아시아에서 부상하고 있는 중국을 견제하자는 미국과 일본 사이에 공통의 목적이 있기 때문이다. 미국은 동아시아에서 패권유지를 위한 막대한 군사비용 부담을 일본에 덜 수 있으며, 일본을 이용하여 동아시아에서 급부상하고 있는 중국을 효과적으로 견제할 수 있다. 일본도 중국의 부상을 견제하기 위해서는 미국의 지원과 협력이 절대적으로 필요하다.

미일동맹의 강화는 일본의 군사적 '보통국가화'[41]를 더욱 독려시키고 있다. 1996년에는 미일군사 동맹관계 및 일본의 군사적 역할 증대를 내용으로 하는 '미일신안보공동선언'이 발표되었고, 1997년에는 공동선언의 구체적 내용을 담은 '미일신방위협력지침(신가이드라인)'이 개정되었다. 이 신가이드라인에 의하여 일본의 군사작전범위는 일본열도에서 아시아-태평양 지역으로 확대되었고, 결과적으로는 평화헌법에 의해 유지되어 오던 전수방위(專守防衛) 원칙이 무너지게 되었다. 2000년대 이후부터 일본은 보통국가화가 되기 위해 평화헌법 9조에 관한 개정노력을 본격적으로 하고 있으며, 이에 미국도 매우 적극적으로 권장하고 있다.

---

41) 1990년대 초 보수파의 대표적 인사인 오자와 이치로(小澤一郎)가 그의 저서 『일본개조계획』에서 '보통국가'론은 주장하였는데 보통국가란 군대를 보유하고 외국과 자유로이 동맹을 맺어 집단자위권을 행사할 수 있는 나라를 말한다. 즉 1947년 연합군 점령하에서 시행된 평화헌법 체제로부터 벗어나 정상적인 군사력을 보유한 보통국가로 가고자 하는 것이다. 小澤一郎, 『日本改造計劃』(講談社, 1993). 이러한 입장에 더 나아가 독자적인 군사력 행사까지 주장하는 견해도 있는데 여러 차이에도 불구하고 보통국가론으로 상징되는 견해들의 기본적인 입장은 일본이 경제 강국인 만큼 그에 상응하는 정치적 역할, 군사적 역할을 할 수 있어야 한다는 것이다. 그리고 기본적으로 평화헌법 9조가 일본 안보역할에 장애가 된다면 해석을 바꾸든지 헌법해석의 변경이 여의치 않으면 헌법 자체를 개정하면 된다는 논리를 가지고 있다.

이러한 맥락에서 중국은 미일동맹이 결과적으로 일본의 재무장화 및 군사대국화의 길을 열어주었다고 판단하고 있다. 이에 대응하여 중국 또한 군의 현대화 추진에 박차를 가하고 있으며, 군비를 지속적으로 증가시키고 있다. 이는 자칫 동아시아 전체를 군비경쟁의 악순환과 지역패권의 대결구도로 빠트릴 위험성이 있다.

중국은 일본과는 달리 1990년대 후반부터 동아시아 다자안보협력에 매우 적극적이고 주도적인 입장을 취하고 있다.[42] 따라서 미국이 만약 동아시아 다자안보협력에 있어 중국의 적극적인 자세를 미국에 대한 도전이라 인식한다면, 여기에 대한 대응으로 미국은 미일동맹을 더욱 견고히 공고화시킬 가능성이 높다. 이는 동아시아 다자안보협력 문제 자체가 역내 주요국 간의 갈등과 경쟁대상이 될 수도 있으며, 동아시아에서 자칫 '양자동맹' 대 '다자협력'이 충돌하는 현상이 발생할 가능성도 배제할 수가 없다.

비록 미국이 ARF라는 다자주의를 용인하고 있고 참여하고 있지만, 미국은 다자주의가 자신을 중심으로 돌아가야 하고

---

42) 그 이전에 중국은 아시아 지역에서의 다자 간 안보대화 또는 협의체 창설이 중국에 대한 '포위전략(encirclement)'으로 인식하여 부정적인 태도를 보여 왔다.

기존의 아시아 양자동맹체제를 대체해서는 안 되며, 다자주의는 미국의 양자동맹체제에 보완적으로 작동해야 한다고 보고 있다. 이러한 점을 고려할 때 미국은 동아시아에서 미국중심의 양자동맹체제와 같은 미국의 기득권 또는 사활적 이해관계를 침해하거나 위협할 가능성이 있는 어떠한 다자주의적 시도도 반대하거나 거부할 것은 분명할 것이다.

양자주의의 심화는 다자 간 협력이 뿌리를 내리는 데 장애요소임에 틀림이 없다. 평화공동체의 근본적 의미는 안보딜레마의 해결이다. 평화공동체는 각 국가들이 협력을 통해 상호 간의 안보위협요소를 축소해 나감으로써 안보딜레마를 구조적으로 해소하는 것이다. 그러나 탈냉전 이후 미일동맹의 강화는 역내에서 오히려 안보딜레마를 확대시키고 있다.

4. 동상이몽(同床異夢)의 동아시아 정상회의

앞서 살펴보았듯이 ASEAN＋3는 동아시아 공동체 형성에 있어 큰 역할을 하고 있다. 그렇다고 해서 ASEAN＋3가 문제점이 전혀 없는 것은 아니다. ASEAN＋3 정상회의는 아세안 국가들 정상회의에 한국, 중국, 일본 등 동북아 3국이 초청되는 형식을 띤 정상회의 체제이기 때문에 동북아 3국은 강한 소속감을 가지기 어려운 구조적 한계를 안고 있다. 특히 ASEAN＋1 정상회의에서는 아세안 측의 요구에 초점을 둔 경협사안들이 주로 논의되고 있다. 이런 점을 보완하기 위하여 ASEAN＋3가 동등한 자격으로 참여하는 동아시아 정상회의(EAS: East Asia Summit)의 개최 필요성이 제기되었다.

EAS를 제기한 국가는 한국이지만 이를 적극적으로 추진한 국가는 중국과 말레이시아이다. 중국은 2004년 초반부터 역내 각종 회의에서 EAS의 조기개최를 주장하면서 동아시아 공동체에 대한 중국의 중심적 역할을 강조하기 시작하였다. 이러한 중국의 움직임에 대해 '중국위협론'을 경계해 온 일부 동남아 국가들이 난색을 표하였다. 그러나 말레이시아가 이들 국가들을 적극적으로 설득하면서 EAS의 개최에 대한 논의는 당초 예상보다 빨리 진행되었다. 결국 2004년 제8차 ASEAN＋3 정상회의에서 EAS 조기개최에 역내 국가들은 합의하였고, 2005년 제9차 ASEAN＋3 정상회의를 계기로 제1차 EAS를 개최키로 발표하였다.

역내 국가들이 EAS의 조기개최에 대해 동의를 했지만 일부 동남아 국가와 일본은 중국 주도의 EAS에 대해 노골적으로 거부감을 표시해 왔다. 따라서 이 국가들은 중국 주도의 EAS를 견제하기 위해 참여국 확대라는 카드를 꺼냈다. 이런 맥락에서 ASEAN＋3 국가들만의 미래발전 형태로 합의됐던 EAS에 일본은 친미 국가인 호주와 뉴질랜드 그리고 중국의 잠재적 경쟁국인 인도를 끌어들였고, 여기에 중국의 영향력 확대가 달갑지 않은 인도네시아, 베트남, 싱가포르 등이 일본의 입장을 찬성하였다.

참여국의 확대문제에 대해 일본은 중일 간의 주도권 다툼과는 거리가 멀다고 주장하고 있다. 무역 면에서 호주, 뉴질랜드, 인도는 동아사이에서 점점 더 중요한 파트너가 되고 있기 때문에 회원국의 확대가 필요하다는 것이다. 그러나 일본에서 동아시아 공동체 평의회를 이끌고 있는 이토 겐이치(伊藤憲一)의 발언을 보면 일본이 왜 이들 국가를 참여시키려 하는지 그 의도를 명확히 알 수 있다.

> ASEAN＋3의 틀 그대로 동아시아 공동체를 창설하려 한다면 여러 반대가 제기되어 어려워지리라 생각된다. ASEAN＋3의 전체 인구 20억에서 13억이 중국 한 나라의 인구이다. 이 상태로 동아시아 공동체를 만들어 나가면 결국 실질적으로 중국에 의해 다른 나라들이 삼켜지고 마는 것이 아닌가라는 의구심이 강해져 공동체 창설에 반대하는 움직임이 강해질 수 있다. ASEAN＋6에는 또 다른 인구 대국인 인도가 포함되어 이 문제가 해소된다.[43]

EAS에 호주, 뉴질랜드, 인도의 참여에 대하여 동아시아 공동체를 주장하는 대다수 전문가들은 부정적 견해를 피력하고 있다. 이들 나라의 참여는 자칫 지역적 동질성과 정체성의 모호함을 가져올 수 있다는 것이다. 이 3국들은 지리적 근접성을 포함한 여러 면에서 동아시아 범주에 포함시키기에는 다소 무리가 따른다. 어떻게 보면 ASEAN＋3에서 호주를 포함한 친미 국가들의 참여는 APEC과 별다른 점이 없다고도 볼 수 있다.[44]

---

43) 東アジア共同體評議會, "李洙勳韓國大統領諮問東北亞時代委員會委員長との懇談メモ,"(2006).

참가국의 확대범위 논란 속에 2005년 12월 12-13일 제9차 ASEAN+3 정상회의에 이어 14일 제1차 EAS가 말레이시아에서 개최되었다. 제1차 EAS는 '옵서버' 자격인 러시아를 포함, 총 17개국 정상이 참가해 3일에 걸쳐 ASEAN+3 ⇒ ASEAN+1 ⇒ EAS 순으로 각각 참가범위를 달리해 정상회의가 진행됐다. 공동선언문도 ASEAN+3와 EAS서 각각 나왔다. 이 두 개의 공동선언문에는 새로운 비전보다는 각국의 입장을 기계적으로 절충한 형식과 절차만 잔뜩 규정해 놓고 있다. ASEAN+3 정상선언에서는 "동아시아 공동체를 실현하기 위해 ASEAN+3가 지속적으로 주된 수단이 돼야 한다."고 밝혀 일단 중국 측 입장에 무게가 실렸다. 그러나 제2회 EAS를 개최하겠다는 중국의 제안은 거부되었고, 중국도 EAS에 호주, 뉴질랜드, 인도의 참가가 결정되자 EAS 개최에 더 이상 의미를 부여하지 않았다. 그리고 EAS는 매년 아세안 정상회의와 함께 아세안 국가 내에서만 개최되는 것으로 결정됐다. 이러한 결정은 현재의 ASEAN+3가 갖고 있는 문제점을 계속해서 이어 간다는

---

44) 대표적으로 전기원은 EAS의 확대 참가범위에 대하여 명실상부한 '범아시아지역 정상회의(Pan Asian Summit)', '확대 ASEAN+3 정상회의', 혹은 미국 등 태평양 국가가 빠진 'Asian APEC'이라 하였다. 전기원, "동아시아 지역주의를 둘러싼 협력과 갈등: APEC에서 EAS까지," 『동아시아 국제정치』 제9권 1호(2006), p.162.

뜻과도 같다.

ASEAN＋3의 문제점을 개선하고자 시작된 EAS는 결과적으로 동아시아 국가들의 상반된 견해로 인해 ASEAN＋3의 한계점을 극복하지 못한 채 외형적 확장의 변화만을 가져왔고, 또한 중장기적으로 EAS와 ASEAN＋3 체제가 병립될 경우 의제선정 및 향후 진로설정에 어려움이 발생할 수 있다는 우려를 가질 수밖에 없다. 결국 EAS의 잘못된 출발은 동아시아 지역주의 발전에 부정적 의미만을 부가시켰고 동아시아 지역에 내재된 갈등과 대립을 적나라하게 노출한 인상만을 남겨 주고 말았다.

애초 ESVG가 건의한 EAS는 ASEAN＋3 정상회의를 동아시아 공동체 형성의 주요한 기반이 되는 하나의 '기제'로 승격하는 것이었다. 그러나 호주, 뉴질랜드, 인도가 참여함으로써 16개국 정상들이 참여하는 하나의 '포럼'의 역할로 바뀌고 말았다. 그리고 EAS에서 논의하는 의제 역시 동아시아 공동체 형성을 위하여 실질적으로 필요한 경제와 안보협력의 이슈보다는 에너지 안보와 기후변화에 대한 협력 이슈로 선회하였다. EAS 개최 초기부터 있어 온 중국과 일본 양국의 지역적 범위에 관한 의견차이로 인해 제1회 EAS부터 참여국들은 공동체 이슈를 직접적으로 언급하지 않기로 결정한 바 있다. 그 이후로 개최한 제2차와 제3차 EAS에서 발표된 내용을 보면 에너지, 환경변화와 관련한 것이었다.

동아시아 공동체는 왜 표류하고 있는가

1. 욕심이 과한 아세안

동아시아에서 ASEAN + 3, ARF가 탄생할 수 있었던 것은 분명 아세안의 이니셔티브가 있었기 때문이다. 아세안이 ASEAN + 3, ARF를 추진하게 된 배경은 일차적으로 경제나 안보적 측면에서 스스로 독자 생존하기 어려운 동남아 국가들이 역외 국가들과의 협력과 지원을 확보하여 이들과 함께 동반성장을 도모함으로써 자신들이 내부적 취약성을 극복하기 위한 것이었다.

아세안은 이와 같은 동아시아의 지역협력체들이 자신들의 주도에 의해 운영되어야 한다는 생각을 갖고 있으며 그렇게 실행하고 있다. 실제 ASEAN+1, ASEAN+3, EAS에서 협력 현황을 보면 외형적으로 이를 선도하고 있는 것은 아세안이다. 예를 들면, 아세안은 ASEAN+3 운영에 있어 동북아 국가들을 배제한 채 일방적으로 회의의 의제나 일정을 잡고 있다. EAS의 신규 참여국 기준도 아세안의 대화파트너 국가이고, 아세안과 실질적인 협력관계를 맺고 있어야 하며, 동남아우호협력조약에 가입한 국가 등으로 제한하고 있다. 물론 여기에는 동북아 국가들이 긴밀한 협의체제가 작동하지 않는 데서 그 원인을 찾을 수도 있다.

이처럼 동북아 국가에 비해 경제적 규모가 작고, 역내에 많은 구조적인 취약성을 갖고 있는 아세안이 지속적으로 역내 지역협력체제를 주도하고 있다는 점은 주목할 만하다. 다카기 유이치(高橋由一)의 지적처럼 세계경제 2% 정도에 불과한 아세안이 세계 제2위의 경제 대국인 일본, 유엔안보리 상임이사국으로 정치 대국인 중국, 급격한 경제발전으로 선진국에 들어선 한국 등 각각 세계적으로 커다란 존재인 동북아 3개국에 대하여 우위에 선 구도는 기묘하다고 할 수 있다.[45]

---

45) 다카기 유이치, "동아시아 지역협력체의 구축과 중·일의 역할,"『극동문제』12월호 (극동문제연구소 2003), p.66.

따라서 ASEAN+3에 있어 아세안은 '심장부(heartland)'라 볼 수 있으며, 동아시아 공동체를 향한 노정에서 그동안 동북아 국가들의 소위 '운전교습 강사'였다. 이러한 관점에서 볼 때 최근 동아시아 지역주의의 발전이 중국과 일본의 경쟁으로 인해 가속되는 것처럼 보이지만 그 과정을 면밀히 보면 동남아 10개국을 아우르는 아세안의 실질적 동의를 바탕으로 하고 있는 것이다.[46] 현재의 상황에서는 어떻게 보면 중국과 일본의 경쟁이 치열할수록 동아시아 공동체 탄생의 캐스팅보트(casting vote)는 아세안이 쥐고 있다고 해도 과언이 아니다.

아세안이 이렇게 ASEAN+3에서 계속해서 주도권을 가지려 하는 이유는 무엇일까? 그것은 아세안이 중국, 일본과 같은 역내 강국들에 의해 지역협력이 좌지우지될 가능성을 우려하고 있기 때문이다. 이에 아세안은 ASEAN+1 정상회의에서 중국과 일본을 적절히 잘 이용하여 그들의 이익을 극대화시키고 있다. 인도네시아 외교부의 마카림 위비소노(Makarim Wibisono)는 "아세안이 ASEAN+3에서 운전석 자리를 지키지 못한다면, 아세안 국가들은 강대국의 의제(agenda)를 달성하기

---

46) 『조선일보』 2003년 10월 9일자.

위한 도구로 전락할 것이다.”라고 경고한 바 있다.[47] 그러나 아세안의 고민은 ASEAN + 3라는 차에서 내리지 못하는 데 있다는 것이다. 아세안은 운전석에서 조수석으로 옮겨 앉는 것이 내리는 것보다 낫다는 사실을 잘 알고 있다.

아세안의 입장에서 동아시아 공동체의 형성보다 더욱더 중요하게 생각하고 우선시하는 것은 아세안 공동체이며, 이것을 전제로 동아시아 공동체를 생각한다고 볼 수 있다. 즉 아세안은 ASEAN + 3나 EAS, 동아시아 공동체 추진 등 그 어느 것이라도 자신들이 추진하는 아세안 공동체에 장애가 되지 않아야 하며 따라서 아세안은 동아시아 지역협력에 있어서 언제나 자신들이 '일차적 추진체' 역할을 하려고 한다.[48] 최근 동남아 국가들은 아세안 공동체 형성의 시한을 2015년으로 앞당겨 설정하였고, 정치·안보, 경제, 사회·문화 분야의 3대 공동체 형성을 위한 청사진을 마련하고 있으며, 아세안 헌장(ASEAN Charter)까지 채택하였다. 이처럼 아세안이 자신들의 공동체 형성을 조기에 구현하려는 것은 이를 통해 동아시아 공동체

---

47) Makarim Wibisono, “ASEAN Should Be in 'Driver's Seat' in Any Asian Summit,” *AFP*(June 28, 2004).

48) 변창구, “동아시아 지역주의와 지역통합: 평가와 전망,” 『한국동북아논총』 제49집 (2008), p.13.

형성에 있어 주도권을 계속 유지하려는 뜻과도 같다.

아세안의 입장을 이해 못 하는 것은 아니지만 동아시아 공동체의 실질적 진전을 가져오기 위해서는 역내 지역협력체 및 정상회담 등이 아세안 중심으로만 진행되어서는 안 된다. 특히 아세안은 동아시아 지역협력에 있어 일차적 추진력을 잃지 않기 위해 '아세안 방식(ASEAN way)'으로 역내 지역협력체를 이끌려고 한다. 아세안 방식은 유럽의 통합방식과 비교하여 상대적으로 느슨한 연계의 제도화를 통해 동남아 국가들 상호 간의 긴장을 완화시키고 신뢰를 축적하는 역할을 해 왔지만, 제도를 운영함에 있어서는 상당히 낮은 수준의 강제력만을 지니기 때문에 조직적 결속을 강화하기 위한 협력기구나 공동체 운영에 부정적인 영향을 미칠 수밖에 없다. 특히 아세안이 진행시켜 온 '내정불간섭' 원칙이나 '전원 합의제'에 따른 의사결정 방식은 지역협력체로서 공동의 이슈나 사안을 조정하고 해결함에 있어 효율성의 문제가 발생할 수 있다. 그렇게 된다면 ASEAN＋3의 경우 단순히 협의체적 성격에 불과한, 즉 제도적 실행이나 실질적인 영향력을 발휘하는 기구로 성장할 수가 없다.

ASEAN＋3가 동아시아 공동체 설립을 위한 실질적인 제도적 기반으로 큰 역할을 수행하기 위해서는 무엇보다도 사무국이 반드시 설치되어야 한다. 향후 ASEAN＋3 회의에서 제기된 각종 중장기 사업들이 구체화될 경우 ASEAN＋3 체제의 효율적인 운영을 위해서는 사무국 설치문제가 공식적으로 제기될 것이 분명하다. 역내 국가들 중에서 어느 국가가 사무국을 유치할 것인가 하는 문제는 동아시아 공동체 설립에 있어 외교적 주도권 문제와 관련한 것이기 때문에 정치적으로 매우 민감함 사안이다. 지금처럼 아세안이 자신들의 이익과 영향력 확보를 위해 아세안 방식으로 ASEAN＋3 운영을 계속해서 고집한다면, ASEAN＋3의 사무국 문제가 본격적으로 거론되었을 때 동북아 3국은 이전과는 달리 아세안에 쉽게 양보하지 않을지도 모른다. 아세안의 지나친 욕심은 오히려 역내에서 동북아와 동남아 간의 주도권 경쟁으로 이어질 확률이 높으며, 동북아와 동남아의 간격이 더욱 확대되는 계기가 될 수 있다.

아세안이 동아시아 공동체의 논의를 이끌 수 있게끔 '만남의 장'과 '대화의 장'을 마련한 것은 높이 평가할 만한 사실이다. 그러나 냉정하고, 객관적으로 보았을 때 아세안 자체의 역량만으로 ASEAN＋3를 진전시킬 수 없으며 나아가 동아시아 공동체 설립에도 큰 역할을 기대하기 어렵다. 이는 아세안 주도로 이루어진 ARF의 발전 속도를 보아도 잘 알 수 있다. 아세안은 자체적으로 리더십을 발휘하기에 한계가 있는 것은 분명한 사실이다. 이와 같은 관점에서 아세안이 자신들의 이익을 관철시키면서 동아시아 공동체 설립을 위해 할 수 있는 역할은 ASEAN＋3 내에서 모호성의 아세안 방식을 과감히 버리고, 먼저 ASEAN＋3를 확실히 제도화시킬 수 있는 행동원칙과 의제를 제시하고 합의를 이끌어 내는 것이라 할 수 있겠다.

2. 위협으로 느껴지는 중국

중국은 동아시아 공동체 형성에 있어 가장 적극적으로 참여하여 협력하는 모습을 보이는 국가 중 하나이다. 중국은 CMI 창설에 적극적으로 참여해 왔고, 역내 국가들과 FTA 체결에도 적극적인 관심을 보이고 있다. 특히 아세안과는 조기자유화 조치까지 제안하며 FTA 체결을 능동적으로 추진하였고, 한국 및 일본, 한중일 FTA도 먼저 제안하였다. 안보분야에서는 북핵문제를 해결하기 위해 6자회담을 주선하였고, ARF를 통한 다자안보협력에 지지와 선도의 입장을 보이고 있다.

그러나 이러한 중국의 노력에도 불구하고 역내 국가들은 여전히 중국을 위협의 대상으로 인식하는 경향이 짙다. 이른바 '중국위협론'의 경계가 여전히 수그러들지 않고 있다는 것이다. 중국위협론은 1992년 먼로(Ross H. Munro)에 의해 처음으로 제기되었는데, 그 핵심논지는 중국이 지속적인 경제성장을 발판으로 아시아에서 패권수립을 시도할 것이며, 이는 아시아의 안보환경과 미국의 지역적 안보이익에 부정적인 영향을 미친다는 내용으로 요약할 수 있다.[49]

중국위협론에 대해 중국정부는 강력히 부정하고 있지만 역내 국가들이 이를 쉽게 받아들이지 않고 있다. 그 이유는 무엇일까? 그것은 중국이 대국의 의식에서 동아시아 신질서 구상에 참여하려는 움직임을 보이고 있기 때문이다. 역내 국가들은 중국이 대만과 홍콩 등 중화권과 아세안을 묶는 대중화경제권(A Greater China Bloc)을 바탕으로 중화민족주의 지역 블록을 구축하는 게 아닌가 하는 의심을 가지고 있다.

특히 대중화경제권은 동남아 지역에 밀집해 있는 화교세력을 통해 강화되고 있다. <표 4>에서 알 수 있듯이 동남아 지역에서 화교의 영향력은 절대적이다. 동남아 지역의 화교는 전체 인구의 약 6%에 불과하지만, 이들 국가의 전체 자본 중 약 50~80%를 넘는 비중을 차지하고 있다. 뿐만 아니라 상권의 70%를 점유하고 있으며, 역내 무역의 3분의 2 이상을 장악하고 있다. 2003년 세계은행의 자료에 의하면 화교가 영향력을 발휘하는 중화권과 동남아권, 즉 범중화권의 GDP는 2조 5,800억 달러로, NAFTA, EU에 이어 세계에서 3번째로 큰 규모이다. 동아시아에서 화교자본이 가지는 힘은 실로 어마어마한 것이다.[50]

---

49) Ross H. Munro, "Awakening Dragon: The Real Danger in Asia From China," *Policy Review*, No.62(1992).

〈표 4〉 아세안 각국의 화교분포 및 화교의 경제력

(단위: %, 만 명)

항목	싱가포르	인도네시아	말레이시아	태국	필리핀
인구비율	77	3.5	29	10	2
자본비율	81	73	61	81	50
화교총수	214	580	533	557	120

자료: 안석교 외, 『중국의 지역경제협력 인식과 동북아 경제통합 가능성』(서울: KIEP, 2001), p.31.

대중화경제권은 한마디로 중국인 공동체(Chinese Community)이다. 대중화경제권이라는 용어는 중국정부에 의해 공식적으로 채택된 것은 아니다. 중국정부는 역내 국가들로부터 의혹을 살까봐 대중화경제권이라는 용어를 일절 사용하지 않고 있다. 그러나 실질적으로는 대중화경제권 결속을 통해 동아시아 지역에 중화민족주의적 경제블록을 구축하는 지역주의 전략을 시행해 오고 있다. 예를 들면, 중국은 중국과 동남아 국가들을 연결하는 철도는 물론 고속도로 건설에 박차를 가하고 있으며, 동남아 국가들과의 무역거래에서 위안화를 결제대금으로 사용하려는 계획을 가지고 있다.[51] 이처럼 역내 국가들에 대중화경제권의 급속한 결속은 경계의 대상이 될 수밖에 없다.

---

50) 『중앙일보』 2008년 9월 16일자.
51) 『주간조선』 2009년 6월 2일자.

중국은 동아시아를 미국과 일본의 야망이 잠재되어 있는 지역으로 보고 있다. 따라서 중국이 동아시아에서 우월적인 지위를 지속적으로 추구하기 위해서는 일차적으로 일본의 영향력을 잠재울 필요성이 있는 것이다. 이에 중국은 중국인 공동체의 강화를 통해 동아시아에서 일본의 독점적 지위를 타파하려고 한다.

이런 맥락에서 중국위협론자들은 적극적인 중국의 동아시아 경제협력 방안들을 역내 패권 확보를 위한 사전포석과 전략의 일환으로 보고 있다. 여기에 일본이 가장 적극적으로 대응하는 모습을 보여주고 있는 것이다. 특히 동남아에 막대한 자본을 투자하여 기득권을 장악하고 있는 일본은 중국의 동남아 시장에 대한 잠식 가능성을 크게 우려하고 있다. 또한 중국과 비교하여 영토와 인구의 규모, 군사력, 경제력 등에서 절대적 열세에 있는 동남아 국가들도 중국의 대중화경제권 구상에 대해 위협으로 느끼고 있다. 동남아 국가들은 역내에서 중국의 과도한 팽창이 동아시아 세력균형을 변화시켜 나아가 중국이 이 지역에서 패권을 추구하게 될지도 모른다는 두려움을 가지고 있다.

이와 같이 중국위협론이 끊임없이 제기되고 있는 상황에서 동아시아 지역의 핵심적 행위자 중의 하나인 중국이 역내에서 독단적인 행동을 하거나 정치적인 목적을 달성하기 위해 무리한 행태를 보일 경우 구성원 간의 긴장감과 거부감은 심화될 수밖에 없다. 최근 중국 내에서는 '대국외교(大國外交)'를 중시하면서 중국이 강대국으로 국제사회에서 응분의 책임을 공유해야 한다는 목소리가 높다. 즉 대국의식이 강화되고 있다는 것이다. 한 예로, 일부 학자와 언론의 경우 역내 국가들을 '인접국' 내지 '이웃국가'라는 표현 대신에 '주변국'이라는 표현을 자주 쓰고 있으며, 일반서점이나 인터넷 사설토론방에서는 민족주의 열기를 내뿜는 글들이 계속 증가하고 있다. 중국사회의 이러한 분위기는 장기적으로 동아시아 공동체 성립에 원심력으로 작용할 수 있으며 지역의 불안을 야기할 잠재성을 안고 있는 것이다.

대국의식은 자칫 패권주의 내지 역내 패권경쟁으로 연결되기 쉽다. 중국은 ASEAN＋1의 메커니즘에서 가장 앞서가고 있으며, 중국이 동아시아 공동체 운동에서 주도국의 역할을 해야 할 필요성을 지나치게 강조하는 경향이 눈에 띄는 것은 사실이다. 이러한 상황에서 중국의 행보는 역내 국가들에 의심을 사지 않게 조심 또 조심을 기할 필요성이 있다. 그러나 얼마 전 중국은 현명치 못한 모습을 보여주었다. 그 대표적인 예가 앞서 언급한 중국의 EAS 조기개최 이니셔티브였다. 결국 중국의 EAS 조기개최 이니셔티브는 중국의 부상과 중국위협론을 내심 경계해 온 일본 및 일부 동남아 국가들의 견제심리를 증폭시키는 결과를 가져오고 말았다. 즉 참여국 확대라는 원치 않는 결과를 초래하고 민 것이디.[52]

동아시아가 지역공동체로 발전하기 위해서는 중국과 같은 지역 강국들의 적극적인 참여와 책임이 반드시 필요하다. 이와 함께 역내 국가들이 서로의 존재를 정상적인 주권국가로 인정하고, 다자적으로 접근하려는 노력도 동시에 이루어져야만 한다. 그러나 중국이 동아시아에서 대국주의와 역내 이웃국가들에 대한 수평적 조망 사이에서 모호한 입장을 계속해서 견지한다면 중국위협의 불식은 좀처럼 사라지기 어려울 것이다.

---

52) 이 외에도 일본은 NEAT에 대해서도 중국의 전략적 의도에 강한 의구심을 표하고 있다.

3. 신뢰받지 못하는 일본

"일본이 헌법을 고치고 전쟁을 할 수 있는 보통국가로 돌아가면 아시아에서 완전히 고립될 것이다."
- 오에 겐자부로,[53] 2005년 5월 서울국제문학포럼 기조강연에서 -
"불행하게도 일본은 동아시아에서 진정한 우방이 많지 않다."
- 헬무트 슈미트 전 독일총리, 2005년 9월 도쿄 초정강연에서 -

지역공동체를 형성하기 위해서는 역내 국가들 간의 상호 신뢰성이 전제되어야 한다. 역내 국가들은 서로 불신이 아닌 믿음과 신뢰가 바탕이 되어야만 동아시아 지역의 평화와 번영 그리고 공생을 위한 공동체가 성립될 수 있다. 그러나 아쉽게도 동아시아에서 리더를 발휘해야 할 일본이 이런 면에서 제 구실을 거의 못 하고 있는 실정이다. 2006년 한일재계회의 개막사에서 한국의 전경련 회장은 "한국과 일본의 FTA 협상이 중단된 것은 FTA 내용에 대해서만 이견을 갖고 있었던 것이 아니라 과거 역사문제에서 비롯되는 인식의 차이가 컸기 때문에 협상을 계속할 분위기가 이뤄지지 않은 것"이며, "한국과

---

53) 오에 겐자부로(大江健三郎)는 1994년 소설 '만연 원년의 풋볼(万延元年のフットポール)'로 가와바타 야스나리(川端康成)에 이어 일본에서 두 번째로 노벨문학상을 받은 작가이다. 노벨문학상 수상 당시 일본 천황이 수여한 상을 거부하는 등 일본의 진보 세력을 대표하는 인물로 아시아를 대표하는 지성인으로 알려져 있다.

일본이 FTA를 체결하고 이후 동아시아 공동체를 이루기 위해서는 일본이 한국을 비롯한 이웃나라들로부터 신뢰를 받고 호의적인 분위기를 만들어 나가야 한다.”고 강조하였다.54)

무릇 공동체의 성립을 위해서는 우선 운명을 같이하는 ‘경험의 공유’가 전제돼야 하나 그것만으로는 되지 않는다. 그 경험을 나눌 수 있는 얘기가 통할 때 비로소 공동체는 성립되는 것이다. ‘커뮤니티’의 성립에는 ‘커뮤니케이션’이 필수적이라는 뜻이다. 그러나 정치, 경제, 인종, 종교, 문화에서 서로 이질적인 동아시아 각국을 하나의 공동체로 묶을 수 있는 공동의 운명, 공통의 경험, 그리고 상호 소통의 언어는 무엇일까? 그중 하나는 1997년의 동아시아 위기의 경험이며, 또 다른 하나는 20세기 중엽까지 대부분의 동아시아 국가가 일본의 침략을 받고 식민지, 반(半)식민지로서 수탈과 수모를 겪은 경험이다. 따라서 군국주의는 반드시 단죄해야 한다는 공통의 언어를 역내 국가들은 갖고 있는 것이다. 즉 암울한 과거사의 청산은 동아시아 공동체 성립을 위한 최소한의 전제조건이다.

일본은 ‘대동아공영권’이라는 허황된 동아시아 공동체의 야

---

54) 『한국경제신문』 2006년 11월 24일자.

망을 꿈꾸다가 파괴와 치욕으로 귀결된 역사를 가지고 있다. 다시 말해 일본의 과거사는 아시아 국가들에 대한 침략과 지배의 역사였다. 동아시아 공동체를 실현하기 위해서는 일본이 전쟁의 역사를 직시하고, 반성을 통한 신뢰를 이웃국가들로부터 회복해야만 한다. 그럼에도 불구하고 일본은 과거사를 '망각'하고 오히려 '정당화'시키고 있다.

일본이 과거사에 대한 반성의 기미가 전혀 없는 것은 아니었다. 1995년 8월 15일 국회에서 무라야마 도미이치(村山富市) 총리의 담화 내용을 보면 일본은 과거사에 대해 진심어린 사죄와 반성을 표명하였고, 1998년 김대중 대통령이 일본을 방문하였을 때도 오부치 게이조(小淵惠三) 총리는 무라야마 담화를 계승하는 모습을 보여주었다. 이 시기 일본과 이웃국가는 우호적인 관계를 바탕으로 협력의 시대를 열기도 하였다. 그러나 1990년대 중반 이후 과거 침략의 역사를 정당화하려는 우파지식인과 정치인들의 주장이 부쩍 강해지고 있는 게 일반적이다. 일본의 우익세력들은 역사교과서를 통해 침략의 역사를 전면 부인하고 있으며, 과거의 일본행위를 미화하고 있다. 역사교과서에서는 전범국(戰犯國) 일본을 '아시아 국가들의 근대화'를 위해 선구적 역할을 한 국가로 기술함으로써 침략과 식민지배의 정당성을 주장하고 있다.

일본정치인들의 야스쿠니신사(靖國神社) 참배도 과거사를 정당화하는 상징적 행위이다. 야스쿠니신사는 일본이 일으킨 청일전쟁, 러일전쟁, 만주사변, 제2차 세계대전 등에서 숨진 246만 명을 신격화해 제사를 지내는 곳이다. 이 신사는 특히 태평양전쟁의 주범이라 할 수 있는 도조 히데키(東條英機)를 비롯한 A급 전범자 14명의 위폐가 합사되어 있는 곳이다. 이러한 야스쿠니신사에 일본의 총리가 공식적으로 참배한다는 것은 A급 전범의 혼령 앞에서 일본인을 대표해 존경과 추모의 뜻을 표시하는 행동으로 전사자의 유족이나 후손이 개인적으로 참배하는 것과는 전혀 다른 상징성을 가진다. 이러한 참배는 한국, 중국 및 동남아 국가들에 잘못된 과거를 청산하겠다는 의지가 부족한 것으로 비치게 되며 동시에 일본 군국주의의 망령이 되살아나는 듯한 인상을 주어 이웃국가들로부터 비판을 받아 왔다. 특히 역내 국가들의 거듭된 만류에도 불구하고 2005년 고이즈미 총리의 야스쿠니신사 참배 강행은 ASEAN＋3 내의 한중일 정상회담 및 한일, 중일 정상회담의 결렬로까지 이어졌다. 한국의 노무현 대통령은 2005년 ASEAN＋3 정상회의 연설에서 "독일은 일부 영토까지 포기할 정도로 역사인식을 철저히 청산했으며, 국가의 이름으로 전쟁에 나서 이웃의 고통을 준 사람들에 대해 일체의 추모시설을 만들지 않았다."고 말하면서 고이즈미 총리의 야스쿠니신사 참배를 공개적으로 비난하기도 하였다.[55] 고이즈미 총리의 야스쿠니신사 참배는 임기 마지막 해인 2006년에도 이루어졌다. 공동체라는 것은 만남을 통해 이루어지는 것이며, 만남이 지속되어야만 공동체가 유지되는 것을 감안할 때, 야스쿠니신사 참배로 인한 일본과 이웃국가들과의 정상회담 단절은 동아시아 공동체 진전에 역행하는 것이라 할 수 있다.

일본의 과거사와 연관이 있는 이웃국가들과의 영토문제 및 군사대국화 또한 동아시아 공동체 형성을 어렵게 만들고 있는 주요 장애요인이 되고 있다. 일본은 한국과의 독도 그리고 중국과의 센카쿠열도(중국명: 댜오위다이) 영유권 문제를 둘러싸고 갈등을 빚고 있다. 이와 더불어 최근 일본은 법제도 개선을 통한 군사대국화의 경향을 보이고 있다. 군사대국화를 위

---

55) 『조선일보』 2005년 12월 14일자.

한 법 제도의 정비 중에서도 가장 주목해야 하는 것이 바로 평화헌법 9조를 둘러싼 개헌논의이다. 찰머스 존슨(Charmers Johnson) 같은 학자는 일본이 동아시아 식민지배와 전쟁범죄의 사과를 평화헌법 9조로 보고 있다.[56] 그러나 일본의 헌법 9조 개정움직임은 급물살을 타고 있다.

과거사 문제에 관한 논쟁이 불붙는 계기는 거의 일본이 제공했다. 일본에서의 사건이나 누군가의 발언이 해외로 크게 전달돼 과거를 상기시켜 반발이 확산되는 구도였다. 과거사 문제에 대해 한국이나 중국에서 나오는 발언 중에는 편견이 섞인 것도 있다. 그러나 상호 불신을 퍼뜨리고 악순환을 재연해 온 책임이 일본 측에 있는 것은 사실이다.

이처럼 일본은 과거사에 대한 국가 차원의 사죄와 역사적 화해를 실천하지 않음으로써 역내 국가들로부터 신뢰를 얻지 못하고 있으며 이는 동아시아 공동체 형성의 기본이 될 신뢰성의 구축을 저해하는 가장 큰 요인으로 작용하고 있다. 반면에 독일은 과거사를 말끔히 청산함으로써 이웃국가들로부터 신뢰를 얻었으며 그로 인해 유럽통합의 중추적 역할을 할 수

---

56) 『한겨레신문』 2005년 5월 13일자.

있었다. 하지만 일본은 후쿠자와 유키치(福澤諭吉) 등 근대 사상가들에서 시작된 국가주의가 오늘날 다시 재강화되고 있으며, 이를 토대로 사회 전반의 우경화와 군사대국화가 심화되고 있다. 이 같은 흐름은 새로운 역사교과서를 만드는 모임 등의 주도로 역사 왜곡을 감행하고 있으며, 다른 한편으로는 일본헌법 9조인 평화조항을 삭제하려는 움직임으로 구체화되고 있다. 그리고 그 정점에는 야스쿠니신사 참배가 놓여 있다.

과거는 지울 수도 잊어버릴 수도 없다. 그러나 최소한의 반성과 사죄가 있다면 미래 지향적인 공동의 노력 속에 과거의 고통을 극복할 수는 있다. 일본이 신뢰형성 문제에 있어 계속해서 지나치게 경시된 자세를 보여준다면 역내 국가들은 일본을 멀리할 수밖에 없고, 만약 일본이 동아시아 공동체 형성에 있어 리더십을 발휘하려고 해도 이웃국가들이 이를 허용하지 않을 것이다. 그렇게 된다면 일본은 이전처럼 계속 '대동아 망령'에 사로잡힐 수밖에 없다. 이는 일본국익에도 큰 손실인 것이다. 어떻게 보면 동아시아 공동체로 가는 첫 열쇠는 일본에 있다고 해도 과언이 아니다. 일본이 과거사에 대해 철저한 반성을 하지 않는다면 결국 동아시아 공동체도 없는 것이다.

4. 중국과 일본의 협조적 리더십 결여

EU가 오늘날과 같은 거대 지역공동체가 되기까지에는 프랑스와 독일이라는 두 국가의 지속적이고, 적극적인 공동의 노력이 있었다. 동아시아에서 이러한 역할이 기대되는 세력으로는 아시아의 핵심 강대국인 중국과 일본을 들 수 있다. 중국은 세계에서 정치 강국이자, 떠오르는 경제 부상국이며 일본은 세계 최고의 경제 대국 중 하니이다.

이처럼 동아시아의 제 문제에 관한 이 두 세력의 동의와 참여는 동아시아 공동체를 유인할 수 있는 좋은 조건임에 틀림이 없다. 반대로 양국이 긴밀한 협력부재의 문제를 갖고 있거나, 국익의 관점에서 경쟁적, 갈등적 자세만을 보여준다면 또한 동아시아 지역주의 개념에서 차이성을 보인다면 동아시아 공동체는 점점 멀어질 확률이 높을 것이다. 따라서 동아시아 공동체를 위해서는 무엇보다도 역내 지역문제에 관하여 중국과 일본이 '건설적인 전략적 동반자 관계', '협조체제'를 구축하는 것이 가장 중요한 선결조건 중에 하나이다.[57]

---

57) 谷口誠, 『東アジア共同體: 經濟統合のゆくえと日本』(岩波新書, 2004), pp.99
－103; 조재욱, "중일협조체제와 동아시아 지역경제 통합," 『국가전략』 제14권 3
호(세종연구소, 2008).

그러나 아쉽게도 중일관계는 갈등적인 모습이 늘 상존하고 있다. 최근의 중일관계는 포지티브 섬(positive－sum) 게임의 관계가 아닌 제로 섬(zero－sum) 게임의 구조를 보여주는 것이 현실이다. 우선 양국 사이에는 역사적 반감의 불안정 기류가 흐르고 있다. 역사왜곡, 야스쿠니신사 참배문제로 인한 중일 간의 갈등은 1998년 양국의 정상에 의해 채택된 '평화와 발전을 위한 협력적 동반자 관계'의 틀을 뿌리째 흔들고 있다. 이 외에도 정치, 군사·안보, 경제 등 여러 분야에서 양국은 서로를 불신하고 견제하려 한다. 정치 면에서는 동아시아 지역주의의 지리적 범주 문제로 양국이 갈등을 빚고 있으며, 군사·안보 면에서는 대만문제와 이와 관련한 미일동맹의 강화 문제로 중국이 일본을 불신하고 있다. 경제 면에서는 중국의 급격한 경제부상에 대해 일본이 중국을 위협의 대상으로 인식하고 있으며 이에 적극적으로 견제하려는 움직임을 보이고 있다.58)

한편, 중일관계의 갈등에 대해 일본 리더십의 한계가 있다는 지적도 있다. 일본정부의 공식보고서에 의하면 일본은 21

---

58) 중국과 일본 간의 갈등에 관한 내용은 다음의 글을 참조하라. 모리 카즈코, 조진구 역, 『중일관계: 전후에서 신시대로』(리북, 2006).

세기 초 대외관계에 있어 중국에 어떻게 대처할 것인가를 가장 중요한 테마로 삼고 있다. 일본정부는 중국이 발전하고 안정화되는 것을 위협으로 볼 것이 아니라 좋은 기회로 삼아 서로 장점을 살려서 공영의 길을 모색해야 한다고 강조하고 있다.[59] 그러나 일본사회는 중국에 대한 호의를 가지고 있지 않는 게 현실이다. 김용복은 중국의 부상에 대해 좀 더 객관적인 근거에 입각한 논의가 필요하지만 '실제'하는 중국의 위협과 중국위협론의 '활용'은 구분되어야 한다고 주장한다. 일본사회에서 중국위협론이 후자에 더 치우쳐 있다는 것이다. 중국위협론은 국내적으로 보수세력의 결집을 위해 활용되었고, 국제적으로는 미일동맹의 강화를 위한 명분을 제공했으며, 더불어 실제적으로 중국에 대한 압박정책의 일환으로 이용되어 왔다는 것이다.[60] 특히 일본은 2004년부터 중국을 '가상의 적'으로 규정하고 있다.[61]

일본 내부에서 중국의 부상을 중국위협으로 인식하는 사람

---

59) 對外關係タスクフォス, "世紀日本外交の基本戰略: 新たな時代, 新たなビジョン, 新たな外交,"(首相官邸, 2002).

60) 김용복, "중국의 부상과 기로에 선 일본경제," 『역사비평』 통권72호(역사문제연구소, 2005), p.203.

61) 『防衛白書』(2004).

들은 중국경제의 엄청난 흡인력이 일본기업의 중국투자와 진출을 촉진하고 있으나, 장기적으로 일본경제를 위협할 것이라는 우려를 갖고 있다. 일본의 대중 투자 가속화는 장기적으로 고부가가치 산업의 생산 및 연구개발까지 중국으로 유출되어 산업공동화 현상을 일으킬 수 있으며 이는 곧 일본의 성장력 저하로 이어진다는 것이다. 그리고 거대한 중국시장은 역내 국가들을 다 흡수하여 중국경제권에 묶어 둘 가능성이 높으며, 그러한 경우에 일본의 경제적 영향력이 현저히 줄어들어 일본이 아시아 소국으로도 전락할 수 있다고 보고 있다. 최근 적극적인 중국의 동아시아 경제협력 방안들은 이러한 우려를 더욱 강화시키고 있다. 더욱이 중국경제의 성장이 핵보유국인 중국이 군사력 증강을 용이하게 함으로써 일본안보를 위협할 것이라는 우려도 증가하고 있다.

그러나 현실적으로 중국의 고도경제성장으로 인한 동아시아의 영향력 확대가 일본의 영향력을 일시에 압도할 수는 없다. 일본은 여전히 기술과 자본이 있으며, 중국은 지속적인 경제성장을 하기 위해서는 일본의 기술과 자본에 의지해야만 한다. 일본은 부상하는 중국에 대해 공연히 피해의식을 가질 필요가 없다. 오히려 중국의 부상을 기회의 이미지로 받아들이는 것이 현명하다. <표 5>에서 알 수 있듯이 일본의 대중 수출은 꾸준한 증가 추세에 있으며 중국의 국가별·지역별 수입 통계를 볼 때 1위를 차지하고 있다. 중국의 성장은 일본에도 큰 도움을 주고 있는 것이 사실이다. 중국과의 공존공영, 나아가서는 동아시아 공동체를 향한 중일협력을 가속화하는 것이 바람직하다. 독일통일에 대한 주변국들의 우려가 유럽통합의 신화를 통해 해소한 것처럼, 중국의 부상에 대한 우려는 동아시아 공동체라는 용광로에 중국을 용해시킴으로써 불식할 수 있다.

〈표 5〉 중국의 국가별·지역별 수입통계

(단위: 100만 달러)

	2005 총액	2006 총액	2007 총액	비율(%)
아시아	441,479	525,367	619,903	64.9
일본	100,408	115,673	133,951	15.8
ASEAN10	74,994	89,527	108,369	11.3
한국	76,820	89,724	103,757	15.6
북미	56,162	66,922	80,397	8.4
미국	48,622	59,211	69,379	7.3
유럽	96,431	114,857	139,684	14.6
독일	30,723	37,879	45,393	4.7
대양주	18,014	21,324	28,425	3.0
오스트레일리아	16,194	19,323	25,852	2.7
중남미	26,785	34,175	51,068	5.3
아프리카	21,062	28,772	36,283	3.8
합계	659,953	791,461	955,818	100.0

자료: 일본무역진흥회 홈페이지 참조.

2005년도에 발생한 중국의 반일시위는 심상치 않았다. 한마디로 일본을 완전 배척하는 분위기였다. 물론 원인제공은 일본이었다. 이 시위를 계기로 중국사회에서는 대국 중국을 내세우는 극단적인 민족주의 조류가 급격히 형성되기 시작하였다. 애국주의나 민족주의에 대한 비분강개가 지금 중국의 인터넷에 넘쳐나고 있는 것이 사실이다. 더욱 중요한 것은 이러한 감정적 민족주의의 발흥이 '대일공식 이데올로기'로 자리 잡아 가고 있는 것이다.

이에 반해, 중국에서는 '대일신사고(對日新思考)'의 움직임 도 함께 대두되고 있다.[62] 대일신사고는 중국 내에서 대두하 고 있는 내셔널리즘과 편협하고 감정적인 일본비판은 양국의 발전에 있어 마이너스일 뿐이며, 중국의 국익을 저해한다는 것이다. 그러나 대일신사고는 중국에서 아직 소수파의 의견에 불과하다. 대일신사고가 일부 지식인들의 개인적인 움직임으 로 끝날 것인지, 아니면 중국정부의 대일 정책의 일익을 담당 하게 될 것인지는 아직 확실치 않다. 대일신사고에 대한 중국 국민들의 반발은 강하다. 따라서 중국이 대일신사고 외교를 정착시키기 위해서는 일본이 어떤 형태로든 호응을 해야 하고 성숙된 외교자세를 보여야 한다.[63]

동아시아에서도 역내 교역의 확대, 투자의 증가, 다양한 지 역협력 구상의 발의 및 제도적 기반 마련의 합의 같은 외형적

---

62) 대일신사고는 2002년 말, 당시 『인민일보』 논설위원이었던 마리청(馬立誠)이 『전략과 논리』라는 중국의 저널지에 "대일관계신사유(對日關係新思維)"라는 글을 기고하면서부터 시작되어, 이후 중국인민대학교 스인홍(時殷弘) 교수와 중국사회과학원 펑자오쿠이(馮昭奎) 연구원에 의해 계승 발전되었다.

63) 谷口誠, 앞의 책, pp.54－56.

과시들은 동아시아 공동체에 대한 기대감을 높이고 있다. 그러나 중국과 일본 같은 역내 세력들이 협력의 정치보다 힘의 정치를 기반으로 동아시아에서 패권을 추구하는 데에만 심혈을 기울인다면 동아시아 공동체는 상당히 지체될 수밖에 없다. 동아시아 공동체의 전망은 일차적으로 중국과 일본이 어떠한 형태로 양국관계를 발전시켜 나아가느냐에 달려 있다.

5. 국가전략의 일관성이 부재한 한국

한국은 동아시아 공동체의 발전을 위해 나름대로 노력을 경주해 왔다. 김대중 정부는 ASEAN+3에서 발군의 리더십을 발휘하였으며, 동아시아 공동체의 구체화 작업을 주도했다. EAFTA를 거쳐 궁극적으로 동아시아 공동체를 설립한다는 구상은 김대중 정부의 주도로 나온 것이었다.

노무현 정부도 초기에는 김대중 정부 시절의 동아시아 지역협력 정책을 계승하는 모습을 보여주었다. 노무현 대통령은 2003년 2월 취임사에서 동북아시대를 열기 위하여 제1단계로서 '경제적 번영의 공동체'를 창출하고, 이를 바탕으로 궁극적으로 '평화의 공동체'를 지향해 나가야 한다는 비전을 피력함으로써, '평화와 번영의 동북아시대' 구현을 신정부의 주요 국정목표로 천명하였다.

물론 일각에서는 노무현 정부의 '동북아시대 구상'이 어렵게 형성된 동아시아 연대범위를 단절 혹은 축소시키는 것이며, ASEAN+3 협력문제가 한국의 지역협력정책의 중심과제가 되고 있는 현실과는 동떨어진 것이 아니냐는 비판을 제기하기도 하였다. 그러나 동북아시대 위원회가 기존의 동북아시대 구상과 더불어 ASEAN＋3 협력을 주요 과제로 포함시켜 나아가기로 결정하였기 때문에 참여정부의 동아시아 협력구상이 축소 지향적 또는 퇴행적 대외정책관이라고 볼 수는 없다. 특히 동아시아 공동체의 성패는 역내 핵심국가인 한중일 3국의 협력 여부에 달려 있다. 동북아 3국가 간의 안정적 협력이 확보되고 그것이 기반이 되어 동남아 국가들의 협력이 더해질 때에 동아시아 공동체는 완성되는 것이다.

따라서 노무현 정부의 FTA 로드맵은 일본이 최우선 대상국이었고, 그 다음 아세안과 중국을 중심으로 한 동아시아국가들 그리고 중장기적으로 미국과 EU의 순서로 추진하려 하였다. 미국과 EU는 당시 시점에서 최소 5년에서 10년 이후 추진할 계획이었다.[64] 그런데 2006년부터 한미 FTA 체결은 노무현 정부의 대외통상정책 핵으로 급부상하게 되었고, 오히려 동아시아 구상은 한발 물러서는 모습을 보여주었다. 특히 한

---

64) 대외경제정책연구원, "FTA Grand Plan,"(2004) p.12. 2004년 11월 주요 정부 출현기관은 FTA의 동시다발적 추진보다는 주요 5대경제권(미국, 일본, 아세안, 중국, EU) 중 이미 추진 중인 일본과 아세안을 제외하면 미국→중국→EU 순의 순차적 추진이 바람직하다고 제안했다. 대외경제정책연구원 외, "FTA 추진 효과분석 및 FTA 체결 우선국가 선택전략(안),"(2004).

미 FTA는 한국정부가 주도적으로 여건을 조성하여 미국에 제안하여 성사된 것이었다. 노무현 정부는 한미 FTA 체결이 동아시아의 협력관계 발전에 도움이 될 것이라고 밝히고 있다. 한미 FTA 체결은 중국과 일본을 자극하여 그들이 경쟁적으로 한국에 다가올 수밖에 없기 때문에 한국 중심의 동아시아 FTA 네트워크가 형성될 수 있다는 것이다. 그러나 이러한 FTA 추진전략은 동아시아 공동체의 구축은커녕 대립과 분열을 촉발하는 도화선으로 작용할 수도 있는 것이다. 한미 FTA의 섣부른 체결은 한국정부가 1990년대 말부터 의욕적으로 추진해 온 동아시아 지역전략과 상충될 수 있기 때문이다. 이는 동아시아에 대한 미국의 FTA 전략을 살펴보면 그 이유를 잘 알 수 있다.

미국은 2000년대에 들어 동아시아 국가들과 FTA 체결에 총력을 기울이고 있다.[65] 이유는 동아시아 국가들이 안보적으로는 미국과 쌍무적 동맹관계를 맺고 있으면서도 중국과는 경제적인 측면에서 아주 긴밀한 교류협력관계를 유지하고 있기 때

---

65) 미국은 싱가포르와 2004년 1월에 FTA를 발효하였고, 한국과는 2007년 6월에 FTA를 체결하였다. 이 외에도 말레이시아, 태국과 협상 중에 있으며, 일본에도 FTA 협의를 논의하자는 의사를 계속해서 밝히고 있다.

문이다. 특히 중국과 아세안 간의 FTA 체결은 한국과 일본에도 동남아 국가와 경쟁적으로 FTA를 체결하도록 자극하였고 이는 동아시아 전체 자유무역지대의 출발점이 되었다. 이에 미국은 동아시아에서 패권적 지위를 잃지 않기 위해 동아시아 국가들과 FTA 체결을 서두를 수밖에 없었다. 한마디로 미국은 동아시아 국가들과의 양자적 FTA를 통해 동아시아에서 경제공동체를 허락하지 않겠다는 의도가 있는 것이다. 이런 상황에서 동남아보다 더 비중이 크다고 할 수 있는 동북아의 한국과의 FTA 체결은 미국으로서는 큰 호재가 아닐 수 없었다.

한미 FTA에 대한 노무현 정부의 논리를 보면 한미동맹의 전략적 가치의 중요성만 강조되고 있을 뿐 동아시아 지역협력과 연계된 구체적인 디자인은 전무하다. 노무현 정부시절 정부고위 정책결정권자들 사이에서는 중국위협론의 대안으로 한미 FTA의 불가피성을 제기하기도 하였다.[66] 이는 자칫 중국으로부터 경계의 의심을 살 수도 있는 것이다. 중국은 미국이 한미 FTA를 통해 동아시아에서 점점 강해지고 있는 중국의 정치·경제적 영향력을 약화시키고 미국 자신의 지위를 강화

---

66) 이남주, "한미 FTA와 동아시아 질주: 동맹과 다자주의 기로," 『동향과 전망』 제67호(2006), pp.197 - 198.

하려는 의도를 갖고 있다고 보고 있다. 중국은 한미 FTA가 결국 동아시아 지역협력의 장애요인으로 작용할 수 있다는 부정적 의견을 피력하고 있는 것이다.

미국은 일본을 통해 EAS에서 중국을 견제하는 구도를 만들었고, 한미 FTA를 통해 중국의 영향력을 축소시키려 하고 있다. 이러한 상황에 대해 만일 중국이 자신에 대한 포위전략으로 받아들인다면 중국은 동아시아 공동체 구상에 독자적인 행보를 걷게 될 가능성도 배제할 수 없다. 주지하다시피 중국의 참여와 협조 없이는 동아시아 공동체 구상의 구현은 불가능한 일이다. 더욱이 중국과 일본의 대립으로 3국공조가 어려운 상황에서 한국은 이들 국가들의 이해관계를 조정하고 역내 지역의 번영을 위한 실질적인 대안을 제안하는 중재자 역할을 해야만 한다. 그러나 한미 FTA의 체결은 동아시아에서 경쟁구도를 심화시키고 역내 역학관계를 복잡하게 만드는 계기가 되고 말았다.

현재는 한중 FTA가 예전에 비해 적극적으로 논의되고 있다. 그러나 2005년 당시 중국은 한국이 민감하게 생각하고 있는 농산물 문제에 대해 대폭 양보할 뜻이 있음을 밝히고 적극

적인 FTA 제의를 하였지만 한국정부는 이를 받아들이지 않았
다. 한국정부는 이웃국가들과의 협력관계의 유지 및 발전이
담보될 수 있는 조치를 충분히 마련한 다음 한미 FTA를 체결
했어야만 했다. 그래야만 한국의 국익과 기존의 동아시아 지
역전략의 기조에 부합할 수 있는 것이다.

동아시아 위기 이후 동아시아 국가들이 지역주의 발전을 통
해 달성하고자 했던 목적 중의 하나가 바로 지역연대의 공고
화, 즉 지역주의의 제도화를 통해 점점 거세지는 신자유주의
적 지구화의 압력에 효율적으로 공동 대응하자는 것이었다.
이러한 목적을 달성하기 위해서 ASEAN＋3가 탄생하게 되었
고, 이 제도의 틀 속에서 EAFTA가 논의되고 있다. 그러나 미
국의 FTA 전략 중 하나는 신자유주의적 경제모델의 확산에 있
다. 즉 미국은 한미 FTA를 지렛대로 동아시아에서 경쟁적 자
유주의가 작동하는 것을 노리고 있다. 다른 역내 국가가 뒤이
어 미국과 FTA를 맺는다면 미국은 동아시아에서도 허브와 스
포크(hub and spokes) 전략을 관철시키게 된다. 그렇게 된다면
역내의 대부분 국가가 전부 미국식 제도를 받아들임으로써 원
래 미국의 전략인 '자유와 시장경제'라는 미국의 가치를 전파

하는 사명을 달성하게 되는 것이다. 강제가 아니라 스스로 미국화하는 것이다. 이것은 미국으로선 최선의 그림이다.[67] 이처럼 한미 FTA의 체결은 미국의 경제모델을 동아시아 지역에 확산시키는 데 커다란 도움을 줄 수 있다. 그런데 동아시아의 FTA는 신자유적 모델을 그대로 수용하기보다는 지역의 경제 발전 수준을 고려한 점진적 통합을 추구가 필요하다. 한미 FTA가 발효된다면 동아시아에서 미국모델의 '침투경로'가 한국에 구축되는 셈이다.

현재로서는 동아시아 공동체가 먼 이상으로 보일 수 있다. 그렇지만 한국에는 버릴 수 없는 꿈이기도 하다. 한국정부는 동아시아 지역과 어떠한 조화를 이룰 수 있는가 하는 진지한 고민 속에 한미 FTA를 추진했어야 했다. 한국정부의 무리한 한미 FTA 체결은 오히려 동아시아 지역협력을 가로막는 장애요인이 되고 말았다.

---

67) 정태인, "한미 FTA, 그 귀결과 그리고 대안," 『프레시안』 2007년 3월 12일자.

V. 대안적 모색을 찾아서

1. 최소한의 전제조건은 무엇인가

동아시아 공동체가 형성되기 위해서는 수많은 난관을 극복해야 하고 그만큼 시간도 오래 걸린다. 이러한 수많은 난관 중에서도 다음과 같은 최소한의 전제조건들이 해결되지 않으면 동아시아 공동체는 계속해서 표류할 가능이 매우 높다.

첫째, 동아시아 공동체 형성과 관련하여 지역의 범위, 회원국의 범위를 어떻게 설정할 것인가에 대해 아직 분명한 합의점을 찾지 못하고 있는 실정이다. 중국과 한국 등 대다수의 동남아 국가들은 ASEAN＋3를 중심으로 동아시아 공동체를 추진해야 한다는 입장을 견지하고 있지만, 일본 및 인도네시아, 싱가포르는 호주, 뉴질랜드, 인도가 포함된 ASEAN＋6 중심의 확대된 범아시아 공동체 추진을 상정하고 있다. 결국 문제의 핵심은 ASEAN＋3를 중심으로 지역통합을 할 것인가, 아니면 역외국 참여확대를 도모할 것인가에 대한 문제로 귀결되고 있는 것이다.

EU의 경우 1950년대부터 서유럽 6개국(독일, 프랑스, 이태리, 네덜란드, 룩셈부르크, 벨기에)이 20여 년 동안 내부적 심화과정을 통하여 확고한 초석을 마련한 다음 이를 바탕으로 1970년대부터 영국, 아일랜드, 덴마크 등 회원국 확대를 단계적으로 도모하였고, 2004년 동유럽 10개국이 추가로 EU에 가입, 2009년 현재 27개 회원국을 포괄하는 성공적 지역통합 사례가 되고 있다. 마찬가지로 동아시아 공동체도 ASEAN＋3 형태로 발족한 후, 공동체로서의 정치적, 경제적 정체성을 확립한 다음 회원국 범위의 확대를 고려해 볼 수 있을 것이다. ASEAN＋3의 정체성 바탕 위에 홍콩, 마카오와 더불어 현재 중국과의 정치적인 문제가 있기는 하지만 대만의 참가를 적극 제안하고, 북한과 몽골의 참가를 유도해야 한다. 이들 국가들의 참여는 동아시아의 정치적 안전보장과 크게 관련된 문제이며, 동아시아 공동체가 향후 극복해야 할 중요한 정치적 과제이기도 하다. 이후 역외 국가들이 동아시아 공동체에 참가하기를 희망하면 역내 충분한 협의 끝에 찬반의 결정을 내리면 될 것이다.

동아시아 공동체의 형성 문제는 어떻게 보면 미국의 참여 또는 개입의 문제로도 볼 수 있다. 이는 동아시아 공동체가 현실화되기 위해서는 이 지역에서 패권의 지위를 놓지 않으려는 미국의 인정이 필요하다는 것이다. 따라서 ASEAN＋3를 중심으로 하는 역내의 지역협력에 대해 미국이 긍정적으로 생각할 수 있게끔 역내 국가들이 특히 중국과 일본이 미국을 적극적으로 이해시키고 설득시켜야 한다. 동아시아 지역협력이 결코 미국의 국익에 반하는 것이 아니라 오히려 동아시아의 안정과 번영을 추구하는 미국의 중장기적 이해관계에 부합할 수 있다는 점을 효과적으로 설득해 나가야 한다.

그러기 위해서는 동아시아 공동체가 배타적이 아니라 유연한 성격을 가진 공동체로 지향해야 한다. 미국이 유럽의 역내 경제, 사회적 통합에 대해 상대적으로 관대했던 이유는 북대서양조약기구(NATO: North Atlantic Treaty Organization)를 통해 미국의 사활적 이해관계가 걸린 안보문제에 대해 계속 영향력을 행사할 수 있었기 때문이다. 이는 냉전이 종식된 이후에도 마찬가지이다. 이러한 점을 고려한다면 최근 APEC의 안보기능을 강화해 나가려는 미국의 입장에 대해 역내 국가들은 열린 자세를 가지고 적극적으로 이해하고 수용하려는 노력이 있어야 한다. 현실적으로 동아시아 지역의 경제통합 문제는 ASEAN+3 체제가 중심이 될 수 있겠지만, 이 지역의 안보통합 문제는 미국을 제외하고는 논의 자체가 불가능하다. 역내 국가들은 APEC이나 혹은 또 다른 미국중심의 다자안보협력체의 틀을 충분히 고려할 필요성이 있다. 즉 당분간 동아시아 지역안보 통합의 문제는 미국의 주도적 역할이 전제될 수밖에 없다는 점을 감안한다면 역내 국가들은 동아시아 지역의 경제통합 문제와 다자안보협력 문제를 분리하여 병행 추진할 수 있는 지역협력 전략도 구상해 볼 필요성이 있는 것이다.[68]

유럽이 1949년 미국과 더불어 NATO를 결성하고 1975년 OSCE를 창설한 것처럼 동아시아 안보협의기구를 구상하는 데는 다소 시간이 걸릴 수밖에 없다. 따라서 우선 동아시아에서

---

68) 배긍찬, "제1차 동아시아 정상회의 결과 분석," 『2005 주요국제 문제분석』(외교안보연구원, 2006), pp.65－66.

는 군대의 협력보다는 동아시아 경찰 창설 같은 경찰 차원의 협력이 필요하다. 역내에서 적극적 평화를 실현하기 위해서는 전쟁이나 분쟁 같은 폭력적 예방도 중요하지만 괴선박의 단속, 마약밀수의 단속, 밀항자의 단속, 위조지폐의 단속, 환경폐기물 방출 단속 같은 역할도 매우 중요하다. 동아시아의 안보협력은 처음부터 너무 과한 의욕을 보이기보다는 작은 넓이, 좁은 깊이에서 출발하여 점차 확대, 심화해 나가는 것이 옳은 방향인 듯싶다.

둘째, 동아시아 국가 및 시민들이 가지는 가치인식의 차이를 극복하는 것이다. 동아시아 역사인식·문화공동체가 형성되기 위해서는 대동아주의 같은 자민족, 자문화 중심주의의 동아시아 역사관을 뛰어넘는 것이 무엇보다도 가장 중요하다. 이는 동아시아 공동체 형성의 기본이 될 신뢰성 구축을 촉진시키는 데 가장 큰 요인으로 작용할 수 있다.

특히 과거 일제의 '대동아공영'을 통해 각인된 상처가 동아시아의 공동체 결성에 거부감을 주고 있는 것은 사실이다. 전후 일본을 대표하는 비판적 지성인들은 일본이 과거사를 왜곡하는 것은 동아시아 역사를 일본중심으로 일국화(一國化)하는 것이라고 비판하고 있다. 이들은 일본이 내세웠던 '동아', '대동아'는 일본 제국의 정치적 개념에 불과한 만큼, 동아시아 공동체는 '대동아'의 죽음 위에 다시 태어나야만 한다고 주장한다. 동아시아 공동체를 만들기 위해서는 지역협력보다는 역사의 공유가 먼저 선행되어야 한다는 것이다.

실제적으로 '2005년 봄의 분규'에서 경험했듯이 일본이 이웃국가들과 양호한 관계를 구축하기 위해서는 무엇보다도 역사인식의 문제를 해결해야만 한다. 이는 역내에서 신뢰형성을 구축하기 위한 최소한의 기본요소이며, 나아가 동아시아 인식공동체 형성에 있어 최소한의 전제조건인 것이다. 따라서 역내 국가들은 역사인식을 어떻게 공유해야 하며, 그러기 위해서는 어떠한 해결방안을 찾아야 할까를 진지하게 고민해야 한다.

유럽의 사례를 보면, 제2차 세계대전 이후 독일과 프랑스 양국 학자들은 1950년대부터 모임을 갖기 시작하였고, 이들은 양국의 교과서 편찬에서 고려해야 할 양국 관계서술에 대해 세밀한 '권고안'을 만들어 냈다. 전후에 만들어진 독일과 프랑스 학자·교사들의 권고안에서 주목할 점은 역사교과서 편찬이 단순히 양국 관계사에서 있었던 갈등관계를 비편파적으로

서술하는 데에만 있는 것이 아니라, 각국의 역사를 국가사의 관점에서 벗어나 유럽사의 넓은 전개과정에서 정리한다는 합의를 도출한 데 있었다.[69] 이러한 합의는 결국 독일과 프랑스가 협조적 동반자 의식을 가지고 유럽통합운동을 이끄는 데 밑바탕이 되었다. 또한 독일의 전 빌리 브란트 총리(Willy Brandt)는 1970년 12월 7일, 제2차 세계대전 당시 희생된 유대인 40만 명을 추모하는 바르샤바 게토 추모비 앞에서 무릎을 꿇고 "역사에 눈 감는 자는 미래를 볼 수 없다."며 사죄의 눈물을 흘렸다. 브란트 총리의 이 같은 행동은 유럽 국민들을 감동시켰으며, 독일국민과 역내 국민들 간의 마음의 벽을 허무는 계기가 되었다.

동아시아에서도 과거의 대립과 갈등, 침략과 수탈의 역사에 종지부를 찍고 역내 각국의 역사 인식의 차이나 서로에 대한 불신을 해소하기 위한 한 방편으로 '동아시아 역사 공동연구위원회' 같은 것을 조직하여 공정하고 투명하게 사료를 평가하면서 미래의 역사를 준비할 필요성이 있다. 물론 이것이 당장 Track Ⅰ 수준의 국가적 차원에서 진행되기는 어렵다. 우

---

69) 박찬승, "동북아 3국의 역사인식 공유를 향하여," 동북아지식연대 편, 『동북아 공동체를 향하여』(동아일보사, 2004), pp.460-461.

선은 역내 민간학자나 시민단체들이 중심이 되어 동아시아 역사를 재검토하고 '권고안'을 만들어야 하며, 이 권고안이 ASEAN＋3나 NEAT, EAF에서 본격적으로 논의되게끔 홍보운동을 활발히 진행해야 한다. 그리고 최종적으로는 역내 국가들이 동아시아사 같은 개설서를 함께 만드는 것을 목표로 삼아 전진해야 할 것이다.[70] 이를 위해서는 수많은 논의의 장이 필요할 것이고 그러한 가운데 '가치인식 공유'의 폭은 점차 넓어져 갈 것이다. 또한 일본의 정치지도자들은 '아시아와의 연대 확립'이라는 기치를 내걸고, 침략전쟁 및 식민지배를 인정하고 사죄한 무라야마 담화와 소위 '군대위안부' 문제에 대한 일본정부의 책임을 공식으로 인정한 고노(河野洋平) 담화를 계승하겠다는 입장을 계속해서 천명할 필요성이 있으며, 최소한 이웃국가들로부터 오해를 사지 않게끔 주의 깊은 행동이 뒤따라야 한다.

2005년 6월 한·중·일의 학자, 교사, 시민활동가 등 54명으로 구성된 '한·중·일 3국 공동역사편찬위원회'가 3년에

---

70) 동아시아사의 내용 및 구성 조건 그리고 전망에 관한 글은 다음을 참조하라. 나리따 류우이찌, 임성모 역, "'동아시아사'의 가능성," 『창작과 비평』 통권131호(창비, 2006), pp.401－418.

걸쳐 토론과 집필을 거듭한 끝에 중학생용 근현대사 부교재로 『미래를 여는 역사』를 3국에서 출간했다는 점은 매우 고무적인 현상이라고 평가할 수 있다. 이 책은 제2차 대전 종전 60주년을 맞아 '공동의 역사인식' 위에 동아시아 평화의 밑거름을 마련했다는 평을 받고 있다. 이를 바탕으로 동아시아 학자들과 시민단체들이 역내 국가들을 상호 이해하는 데 도움이 되는 인터넷 콘텐츠 개발 및 보급 운동에 노력을 지속적으로 힌다면 동아시이 시민들의 기치인식의 치이는 점점 좁혀질 것이다.

셋째, 동아시아 공동체에 관한 주요 논의의 행위자는 국가와 시장만이 부각되고 있다. 유럽의 경우를 볼 때 국가 간의 합의도 중요하지만, 사회적 동반자의 합의 형성도 지역협력의 기반을 강화하는 중요한 문제다. 그런데 동아시아에서는 유럽과 달리 '사회적 유럽' 건설이라는 시민사회의 참여가 거의 보이지 않고 있다. 즉 동아시아 지역협력이 '위로부터'는 확대되고 있으나 '아래로부터'의 참여와 영향력은 좀처럼 실현되지 않고 있다.

동아시아에서도 공동체를 형성하기 위해서는 무엇보다도 국가와 정치지도자들의 역할이 중요하지만 역내 시민사회의 교류와 협력도 함께 동반되어야 한다. 국가 중심적 사고는 언제나 자국의 이익에만 최우선을 두고 있기 때문에 상황에 따라서 지역협력과 대립적 존재가 될 수도 있다. 고위 정치적 차원의 동아시아 지역통합은 정치적 패권의 유혹으로부터 자유롭지 않아 그 가변성이 매우 크며, 특히 지역이익과 국가이익이 충돌할 경우 양자를 조화롭게 극복하기보다는 국가이익의 관점을 선택할 가능성이 그만큼 커진다. 그러나 시민사회의 참여나 시민사회의 연대활동은 지역협력에 저해되는 현안이나 문제점에 대하여 국가 간의 경계를 넘어 실천행동으로 보여줄 수 있으며, 또한 지역정체성을 구성하는 데 중요한 역할을 할 수가 있다.

지금까지 동아시아 국가들의 시민사회 운동은 한 국가의 진보적 변화와 국제적 연대가 기본 프레임워크였다. 이제는 동아시아 전체의 진보적 변화와 동아시아 연대라는 새로운 프레임워크를 진지하게 구상해야 할 때다. 그리고 동아시아 시민사회의 연대활동을 다양한 영역과 수준에서 전개할 필요가 있다. 이를 위해서 평화, 환경, 보건, 교육, 인권 같은 영역별 상설회의체와 동아시아 시민사회연대 기구를 동시에 출범하는 것도 하나의 좋은 예라고 할 수 있을 것이다. 이것은 동아시아 공동체를 위하여 시민사회 차원에서 접근하고 해결할 수 있는 의제를 지속적으로 생산하고 실천할 수 있으며, 동아시아에서 차세대를 이끌어 갈 청소년의 교류도 활성화해 나가는 터전이 될 수 있을 것이다. 또한 동아시아 시민사회는 역내에서 추진되고 있는 일련의 협력방안들이 얼마나 잘 이행되고 있는지를 평가하는 모니터링(monitoring) 체제를 구축하어 역내 시민과 언론에게 적극적으로 홍보할 필요성이 있다.

그러나 동아시아 연대의 핵심 행위자로 ‘시민사회’를 상정하였을 때에는 난관도 존재한다. 한국이나 일본은 서구적 자본주의 발전모델을 수용하면서 일정 정도의 국가권력으로부터 독립적인 ‘시민사회’ 영역이 형성되었지만, 역내 공산주의, 권위체제 국가들의 민중권력은 국가 헤게모니에 전적으로 통합되어 있기 때문에 국가권력으로부터 자율적인 ‘시민사회’가 거의 존재하지 않는다.[71] 이런 점을 고려한다면 지식인 차원

______

71) 중국의 경우 개혁개방 이후 경제활동 공간이 넓어지고 지식인 사회가 성장하면서 국가의 직접적인 관리에서 벗어난 새로운 사회단체들이 출현하고 있다. 그러나 중국의 시민사회는 국가에 의한 포섭수준이 여전히 높은 편이고, 시민사회 단체들 간의 상호 연대의 기반도 취약하다. 김도희, “중국에서의 시민사회 논의의 쟁점과 함의,”『중소

에서의 통합논의도 활발하게 이루어져야 한다. 그런 점에서 국가와 시장 그리고 시민사회가 각각 통합의 주체로서 상호 연결된 역할을 하고 동시에 정치, 경제, 사회문화 등 각 부분이 연결된 일정한 기능을 할 때 그리고 이들 각 분야와 부문을 지식인이 시대적 소명감과 비전을 가지고 매개 기능을 수행할 때 동아시아 공동체의 가능은 높아질 것이다.

연구』 제26권 2호(2002), pp.51 - 57.

2. 한국은 어떤 역할을 해야 하나

역내 많은 지식인들은 동아시아 공동체 형성에 있어 한국의 역할을 중요시 여기고 있다. 이는 한국이 가지는 지정학적 위치와 전략적 위상 때문이라 할 수 있다. 동남아를 연구하는 대부분의 학자들은 한국이 반패권을 지향하는 아세안과 연대하고 협력해야 한다고 주장하고 있다. 중국과 일본의 경쟁과 대립, 일본의 역사적 괴오와 우월의식, 화교를 앞세운 중국의 야망 등에 대한 불신과 우려를 잠재우기 위해서는 역내 중견국가인 한국과 아세안이 나서서 이해관계를 조정하면서 ASEAN +3를 이끌어 나가는 것이 가장 효과적이라는 것이다.

한편에서는 한국과 동아시아의 강대국인 동북아의 중국, 일본의 연대야말로 동아시아 공동체를 가장 빨리 앞당길 수 있다고 주장한다. 동아시아의 경제규모와 성장 가능성을 살릴 수 있는 나라는 현실적으로 동남아 국가들이 아닌 동북아 국가라는 것이다. 따라서 화교 자본권과 엔 경제권의 경쟁과 갈등을 해결하고 한중일이 연대하기 위해서는 한국의 교량적 역할이 중요하며, 한국은 '연합의 잠재력'을 충분히 활용할 필요가 있다는 것이다.

그러나 한국이 이 두 지역 중 어느 한 지역과 핵심 파트너의 관계를 맺고 동아시아 공동체 추진을 위한 제도설계를 포괄적으로 재검토하는 작업을 시도한다면 이는 오히려 역효과를 가져올 수 있다. 만약 한국이 중국과 일본을 제외하고 동남아 지역과 동맹 내지 연대의 필요성을 강조하다 보면 동아시아에서 영향력 강화 및 주도권 확보라는 강한 의심을 중국과 일본에 살 뿐만 아니라, 리더 역량의 한계에도 불구하고 ASEAN+3, ARF에서 운영권을 움켜지고 내놓으려 하지 않는 아세안에 주도권 유지의 명분을 제공하는 계기가 될 수 있다. 또한 한국이 동아시아 공동체의 형성을 위해 동북아 공동체론을 먼저 주창하게 되면 이 역시 동남아 국가들로부터 오해를 살 수 있다. 참여정부시절 ASEAN+3 협력문제가 한국의 지역협력정책의 중심과제라고 표방했음에도 불구하고 아세안은 동북아시대 구상이라는 발표에 크게 실망했었다.

한국의 이명박 정부는 '신아시아 구상'이라는 기치 아래 아세안 10개국 정상들과 2009년 6월 2일 제주도에서 한·아세안 특별정상회담을 개최하였다. 이번 정상회담에서는 오는 2015년까지 한·아세안 간의 정치·경제·문화 공동체를 구성하기로 합의하였다. 이웃국가인 일본은 2003년 아세안과 대화대상국 관계수립 30주년을 계기로, 중국은 2006년 15주년을 계기로 특별정상회담을 개최하였다. 개최 당시에 중국과 일본은 이웃국가들의 초대를 배제한 채 독자적으로 아세안과 회담을 진행하였고, 그렇다 보니 실질적인 지역협력 발전의 기여도는 미미하였다. 오히려 동아시아 공동체를 둘러싸고 중국과 일본이 아세안 포섭을 위한 주도권 경쟁을 한다는 느낌을 주는 것 같았다.

동아시아 공동체는 한국과 아세안, 중국과 아세안, 일본과 아세안의 힘만으로 구축할 수 있는 것이 아니다. 이번 한·아세안 특별정상회담에서도 마찬가지 현상이 일어났다. 한국은 한·아세안 정상회의에서 어떠한 형식으로든 중국과 일본의 참여를 확보했어야 했다. 한·아세안 특별정상회의에 중국과 일본의 참석은 상식적이지 않지만 상식을 뛰어넘는 한국의 입장에서는 상상력 있는 외교를 전개해야 할 필요성이 있었다. 또한 이번 정상회담에서 중국과 일본에 대한 한마디 언급도 없었던 점은 동아시아 공동체에 대한 한국의 일관된 외교적 노선이 결여되었다고 볼 수밖에 없다. 한국은 주최국으로서 '제주도 선언'을 통해 중국과 일본의 협력을 충분히 촉구해야만 했다.

전체적으로 예전에 비해 현재 한국은 ASEAN＋3의 협력 틀 속에서 적절한 위상이나 역할을 찾지 못하고 있으며, 사실 그 존재감이 미약하다. 중국과 일본이라는 거대한 정치경제적 세력의 와중에 나름의 영역에서 리더십을 발휘하는 것도 아니고 그렇다고 동북아와 동남아의 교량역할을 하는 것도 아니다. 한국은 중국, 일본, 아세안이라는 세 행위자들의 틈바구니에서 소극적이면서 방관자와 같은 태도를 보이고 있다.

그렇다면 한국이 동아시아 공동체 형성에 있어 적절한 위상이나 역할을 다시 찾기 위해서는 어떠한 소임이 필요할까? 현존하는 상황을 비추어 볼 때 역내에서는 중국과 일본의 지역패권 경쟁으로 인해 양국이 지역통합을 주도해 나갈 수 있는 독자적 또는 협조적 리더십을 발휘하기가 쉽지 않다. 이와 같은 조건에서는 역내 강대국이 아닌 중견국가가 지역협력을 주도해 나갈 수도 있다. 한국은 지정학적으로 비슷한 여건을 가진 유럽의 네덜란드를 참고해 볼 만하다. 네덜란드는 독일, 프랑스, 영국 등 역내 강국에 비해 국력이 떨어지기 때문에 EU에서 의사결정에 영향을 끼치는 데도 한계를 갖고 있다. 그렇지만 네덜란드는 역내 강국들의 이견을 조정하고 분쟁을 중재하는 역할을 통해 EU의 발전에 필수적인 몫을 하고 있으며, 당당한 중견국가로 대접을 받고 있다.

앞서 언급하였듯이 ASEAN＋3라는 틀 속에서 동아시아 공동체를 형성하기 위해서는 무엇보다도 사무국이 필요하다. 현재 사무국은 동아시아 통화협력기구가 구체화되고 있는 마당에 이제는 더 이상 미룰 수 없는 상황이며, 또한 EAFTA를 촉진하고 낮은 수준의 제도화를 극복하기 위해서 그리고 동아시아 공동체의 구체적인 로드맵을 제시하고 실천하기 위해서도 반드시 필요하다. 한국은 사무국 유치 가능성이 실제적으로 매우 높은 국가이다. 중국과 일본은 서로 경쟁관계에 있기 때문에 일단 제외될 가능성이 높고, 아세안의 경우는 지금의 주도권을 계속 유지하기 위해서 사무국의 유치가 필요하지만 내부적으로 합의에 도달하지 못하고 있는 상태이다. 역내 중견국가인 한국이 ASENA＋3 사무국을 유치한다면 동아시아 균형자로서 중국과 일본 간의 경쟁과 갈등을 완화시키고 동북아와 동남아의 이견을 충분히 조정할 수 있다. 한국의 서울은 벨기에의 브뤼셀 같은 역할을 진지하게 고려해 보아야 한다.

남북관계의 진전과 한반도의 평화정착은 동아시아 공동체 형성의 시발점이 될 수 있다. 안보영역에서 북핵 문제가 조속히 해결되고, 경제영역에서 남북한 경제협력의 여러 방안들이 보다 활성화된다면 역내 지역협력을 강화하는 결정적 요인으로 작용할 수 있다. 북핵 문제의 해결은 한반도의 평화체제구축뿐만이 아니라 이웃 일본의 재무장 명분을 약화시킬 수 있으며, 이는 중국과 일본 간의 군사경쟁을 완화시키는 계기가 될 수도 있다.

2005년 5월 17일, 56년 만에 남북한 철도가 다시 연결되었다. 다시 연결된 이 철도는 평화의 철도 역할과 동시에 동아시아 경제협력을 촉진시키는 경제적 창출효과의 기능도 가지고 있다. 최근 중국은 쿤밍(昆明)에서부터 라오스, 캄보디아, 베트남, 태국, 말레이시아 등을 거쳐 싱가포르까지 연결되는 남중국 철도사업을 착수했다. 이것이 실현될 경우 남북한 종단철도는 단순히 동북아지역뿐만이 아니라 동아시아 전역의 방대한 철도 연결망이 연결되어 해양경제와 대륙경제를 연계하는 중요한 역할을 수행할 수 있게 된다.

한국정부는 북한 문제를 해결하기 위해 역내 국가들을 지렛대로 잘 활용할 필요성이 있는데 특히 북한과 일본의 수교교섭 재개에 한국정부는 심혈을 기울여야 한다. 일본이 유엔회원국 가운데 국교를 맺지 않은 유일한 나라가 북한이다. 북일정상회담은 2002년과 2004년 두 차례에 걸쳐 열렸지만 북핵문제와 일본인 납치자 문제로 인해 큰 성과를 거두지 못하고 이후 현재까지 답보상태에 머물러 있다. 북일관계 개선은 북한이 동아시아에서 책임 있는 일원으로 참가한다는 뜻이다. 동시에 북한의 핵문제와 일본의 군사대국화 문제를 함께 해결해 나갈 수 있는 방법 중에 하나다. 북일관계가 과거의 굴레를 벗고 새로운 관계를 정립하게 된다면 동아시아에서 군사적 긴장을 예방하는 효과를 가져올 뿐만 아니라 역내 경제적 잠재력을 극대화시킬 수 있다. 이는 동아시아 전체의 평화와 번영에 획기적인 계기가 되며 일각에서 논의되고 있는 동아시아 경제협력체의 건설에서도 새로운 전기를 맞이하게 되는 것이다.

이에 한국정부는 양국이 관계정상화에 임할 수 있도록 하는 여건을 만들어 줄 필요가 있다. 한국정부는 우선 남북한이 대결과 반목의 관계를 가지지 않게끔 끊임없는 노력을 경주해야 하며, 일본인 납치문제 해결을 위한 별도의 회의체를 마련하도록 유도하고 중재를 해야 할 것이다. 특히 한국정부는 일본이 보다 적극적인 자세로 북일국교 정상화에 나서도록 외교적 노력을 배가해야 한다. 북한의 대일본 접근의 근저에는 최대한의 실리와 최소한의 명분이라는 전략이 놓여 있고, 일본은 최소한의 실리와 최대한의 명분이라는 전략이 놓여 있다. 따라서 그 타협점을 찾기 위해서는 무엇보다도 협력을 제공할 수 있는 일본의 정치적 결단력이 중요하다. 왜냐하면 양국이 국교정상화에 이르지 못한 것은 북한의 경직된 자세보다 일본의 소극적 자세가 주된 원인이라 할 수 있기 때문이다. 북한의 적극적인 자세에 조건을 붙이는 것은 언제나 일본이었다.[72] 이는 역으로 일본이 원하기만 한다면 언제든지 북일국교 정상화는 실현 가능한 문제라는 것을 의미한다. 한국은 일본과의 정상회담이 있을 때마다 북한문제의 해결이 동아시아 평화와 안정을 위한 최우선 과제라는 점을 일본 측에 부각시키고 그 해결방안이 북일국교 정상화임을 계속 강조해야 한다. 그리고 일본에 대승적 차원에서 협조를 구하고 한국도 2002년 '평양선언 정신'에 따라 북일관계의 정상화가 속히 진전될 수 있도록 적극적인 측면 지원을 아끼지 않아야 할 것이다.

---

72) 서동만, "정상회담 이후의 북한: 북일수교 교섭의 전망과 과제," 『북한연구시리즈』 제20권(경남대 극동문제연구소, 2002), p.168.

나오는 말

　현재 세계는 빠른 속도로 재편되고 있다. 이는 지구화라는 현상이 국민국가 중심의 질서를 약화시키고 있기 때문이다. 개별국가 차원에서 지구화란 현상에 효율적으로 대응하기 위해서는 국민국가라는 고정된 틀을 벗어나야 하고 다양한 연대와 제휴가 모색되어야 한다는 것을 우린 여러 경험을 통해 깨닫게 되었다. 각 지역에서는 지구화를 막는 보호적 기제로서 역내통합을 추진하고 있는 것이다.

　동아시아에서는 1997년의 위기가 동아시아에 대한 연대를 모색하는 결정적인 계기가 되었다. 동아시아 위기에 대한 대책을 논의하기 위해 1997년 12월 역사상 처음으로 동남아 국가들과 한국, 중국, 일본의 정상들이 한자리에 모여 회담을 가졌다. 이것이 바로 동아시아 공동체의 모체가 된 ASEAN+3 정상회의였다.

동아시아에서 동아시아 공동체란 단어가 처음 공식적으로 제기된 것은 ASEAN+3 정상회의가 설치한 EAVG 최종 보고서였다. 이 보고서는 동아시아 공동체를 영어로 표기할 때 의식적으로 Community 대신 community를 사용하였다. 이는 동아시아가 아직 공식적, 제도적 통합 수준에서의 공동체가 아닌 비공식적인 공동체라는 뜻이 내포되어 있다. 이 보고서가 제출된 지 근 10여 년이 되어 간다. 그럼에도 불구하고 동아시아 공동체는 매우 초보적인 단계에 머물고 있다. 동아시아는 통화·금융협력 부분에서 어느 정도 가시적 성과를 거두었을 뿐, 무역이나 안보협력 부분은 정체상태이거나 걸음마 수준에 있다. 통화·금융협력도 금융지구화에 어느 정도 방어를 할 수 있게끔 제도화를 갖춘 것이지 유럽과 비교해서는 그 단계수준이 현저히 떨어진다. 그리고 이제는 공동체 형성의 지역범위, 회원국 범위에서 대해서도 역내 국가들끼리 설왕설래한다. 아직 구체적인 행동보다는 말잔치가 더 많다. 그렇다고 이제 와서 동아시아 공동체를 포기할 수는 없다. 초기 동아시아 공동체를 논할 때 역내 국가들은 얼마나 절박했는가를 다시 한 번 상기할 필요가 있다.

동아시아 공동체는 역내 국가들이 반드시 성사시켜야 할 정치적 과제이지만 역내 국가들과 시민들은 너무 성급하게 그리고 유럽의 기준을 목표로 삼고 무리하게 접근할 필요는 없다. 어느 정도는 유럽통합의 신화로부터 벗어날 필요도 있다. 동아시아 공동체를 성급하게 추진하게 되면 미국 등 역외 국가와의 문제, APEC 같은 다른 기구와의 문제 때문에 불필요한 마찰을 일으킬 가능성도 있다. 따라서 장기적이고, 단계적, 점진적으로 이뤄져야 한다. 동아시아 공동체는 어떤 특정한 상태라기보다 유동적이면서 계속 변형, 발전되어 가는 일종의 과정이다. EU는 지금도 계속해서 발전해 가고 있다. 이런 점에서 볼 때 동아시아 공동체는 이미 존재하는 것은 아니지만 미래에도 영원히 불가능할 어떤 것은 아니다. 그것은 역내 국가들과 시민들의 노력과 실천여하에 따라 언젠가는 창출될 수 있는 하나의 가능성이다. 그것은 우리가 발견하기를 기다리고 있는 현존하는 실체가 아니라 향후 사회적으로 구성되고 시간을 두고 서서히 발전될 하나의 정치적 구성물인 것이다.

동아시아 공동체의 형성은 한국에도 매우 중요한 정치적 과제이다. 한국의 중장기적 안위와 지속적 발전은 동아시아 지역의 환경이 협력적이고 통합적일 때만 담보된다. 역내 강대국들이 계속해서 대립각을 세운다거나, 혹은 역내 약소국들이 경제적 위기에 놓이게 되면 한국은 엄청난 타격을 받을 수밖에 없는 지정학적, 지경학적 위치에 놓여 있다. 그렇다고 이에 대한 방안으로 한국이 EU나 NATO, NAFTA 같은 다른 지역 공동체 및 협력체에 가입할 수는 없는 것이다. 다시 말해 한국과 한반도의 미래는 동아시아의 미래가 밝을 때 함께 밝을 수 있는 것이다. 한국정부는 북핵 및 한반도 평화의 문제가 동아시아 공동체의 실현과 아시아의 미래를 위하여 매우 중요한 사안임을 감안할 때 남북관계 개선을 위해 끊임없는 노력을 계속해서 기울여야 한다.

역사는 그 시대에 사는 사람들의 생각이 만들어 내는 것이며, 역사는 꿈꾸는 사람들에 의하여 이루어진다. 세계 제2차 대전 직후 유럽의 일부 정치가들이 유럽 공동체를 이야기할 때 대다수의 유럽지도자들은 그들이 꿈을 꾸고 있다고 생각했다. 그러나 그 꿈은 실현되었다. 동아시아도 마찬가지다. 유럽은 하나의 공동체를 이루어 내기 위해 약 반세기 동안 노력하였고 지금도 계속하고 있다. 동아시아의 노력은 이제 10년이 조금 지났다. 동아시아 공동체라는 목적지에 도착하기 위해서는 수많은 장애물들이 도처에 깔려 있다. 그래도 동아시아는 문화의 우수성, 자력에 의한 민주화 경험의 확산, 정보통신 기술의 발전 같은 풍부한 자산을 가지고 있으며, 특히 유교, 불교, 가톨릭교, 개신교, 이슬람교 등 다양한 종교와 문명이 공존하고 협력하는 대세를 이루고 있다. 이는 세계 도처에서 일어나는 문명 간의 갈등에 비추어 볼 때 동아시아 통합에 대한 큰 희망의 원천이기도 하다.

유럽의 경험에서 알 수 있듯이 동아시아 공동체는 길고도 먼 여정이다. 동아시아 공동체는 '동아시아를 생각하는 것'부터 시작하여 그리고 꿈을 포기하지 않고 실현성 있는 작은 일부터 서로 협력하여 실천하다 보면 그렇게 요원한 것만은 결코 아니다. 동아시아 국가들과 시민들은 동아시아 공동체에 대한 내일의 질문을 계속 던져야만 한다.

짧게는 ASEAN＋3가 출발한 지 20주년 되는 2017년, 길게

는 세계대전 종전 80주년이 되는 2025년에는 평화와 번영 그
리고 진보의 동아시아 공동체가 탄생하기를 기대해 보자.

약어(abbreviation)

AMF	Asia Monetary Fund(아시아통화기금)
APEC	Asia－Pacific Economic Cooperation(아시아·태평양 경제협력회의)
ARF	ASEAN Regional Forum(아세안지역포럼)
ASEM	Asia－Europe Meeting(아시아·유럽회의)
CMI	Chiang Mai Initiative(치앙마이 이니셔티브)
EAEC	East Asia Economic Caucus(동아시아 경제회의)
EAEG	East Asia Economic Group(동아시아 경제그룹)
EAFTA	East Asia Free Tread Agreement(동아시아 자유무역지대)
EAEPA	East Asia Economic Partnership Agreement(동아시아 포괄적 자유무역협정)
EAF	East Asian Forum(동아시아 포럼)
EASG	East Asia Study Group(동아시아 연구그룹)
EAS	East Asia Summit(동아시아 정상회의)
EAVG	East Asia Vision Group(동아시아 비전그룹)
ECSC	European Coal & Steel Community(유럽석탄철강공동체)
EU	European Union(유럽연합)
FTA	Free Trade Agreement(자유무역협정)
IMF	International Monetary Fund(국제통화기금)
MERCOSUR	Merado Common Sur(남미공동시장)
NAFTA	North American Free Trade Agreements(북미자유무역지대)
NEAT	Network of East Asian Tink Tanks(동아시아 싱크탱크 네트워크)
NATO	North Atlantic Treaty Organization(북대서양조약기구)
OSCE	Organization of Security and Cooperation in Europe(유럽안보협력기구)
PAFDAD	Pacific Trade and Development Conference(태평양 무역개발회의)
PBEC	Pacific Basin Economic Council(태평양 경제협의회)
PECC	Pacific Economic Cooperation Council(태평양 경제협력회의)
UNASUR	Union de Naciones Suramericanas(남미국가연합)

참고문헌

1. 국문

김기석 외. 2006. 『21세기 동북아 공동체 형성의 과제와 전망』. 한울아카데미.

김도희. 2002. "중국에서의 시민사회 논의의 쟁점과 함의." 『중소연구』. 제26권 2호.

김세균. 1998. "신자유주의와 정치구조의 변화." 김성구·김세균 외. 『자본의 세계화와 신자유주의』. 나남.

김용복. 2002. 『엔블록과 동아시아 경제』. 책세상.

______. 2005. "중국의 부상과 기로에 선 일본경제." 『역사비평』. 통권72호. 역사문제연구소.

김현기. 2005. "난항중인 한-일 FTA." 『월간전경련』. 434호. 전국경제인연합회.

나리따 류우이찌. 임성모 역. 2006. "'동아시아사'의 가능성." 『창작과 비평』. 통권131호. 창비.

다카기 유이치. 2006. "동아시아 지역협력체의 구축과 중·일의 역할." 『극동문제』. 12월호. 극동문제연구소.

대외경제정책연구원. 2004. "FTA Grand Plan."

______________ 외. 2004. "FTA 추진 효과분석 및 FTA체결 우선국가 선택전략(안)."

동아시아 공동체연구회. 2008.『동아시아 공동체와 한국의 미래』. 이매진.

모리 카즈코. 조진구 역. 2006.『중일관계: 전후에서 신시대로』. 리북.

박찬승. 2004. "동북아 3국의 역사인식 공유를 향하여." 동북아지식연대 편.『동북아 공동체를 향하여』. 동아일보사.

배긍찬. 2006. "동북아시대 구상과 ASEAN+3 협력."『2005 주요 국제 문제분석』. 외교안보연구원.

______. 2006. "제1차 동아시아 정상회의 결과 분석."『2005 주요국제 문제분석』. 외교안보연구원.

변창구. 2008. "동아시아 지역주의와 지역통합: 평가와 전망."『한국동북아논총』. 제49집.

서동만. 2002. "정상회담 이후의 북한: 북일수교 교섭의 전망과 과제."『북한연구시리즈』. 제20권. 경남대 극동문제연구소.

양길현. 2005. "동아시아 공동체의 가능성과 전략."『동아연구』. 제48집.

오용석. 1996. "동북아 경제협력의 여건과 구상." 이홍표 외.『동아시아 협력의 정치경제』. 세종연구소.

외교통상부. 2001.『아세안지역포럼』. 외교통상부.

이남주. 2006. "한미 FTA와 동아시아 질주: 동맹과 다자주의 기로."『동향과 전망』. 제67호.

이선향. 2000.『마하티르의 도전: 말레이시아의 정치경제와 아시아적 가치』. 학문과 사상사.

이요한. 2005.『아시아 지역경제론: 위기와 통합』. 한국학술정보.

이원우. 2009. 『다자안보협력의 한계와 제약: ARF를 중심으로』. 한국학술정보.

이재현. 2007. "마하티르와 김대중의 동아시아지역협력 구상 비교 연구." 『동남아시아연구』. 제17권, 2호.

이종원 외. 2008. 『EU27 유럽통합의 이해』. 해남.

전기원. 2006. "동아시아 지역주의를 둘러싼 협력과 갈등: APEC 에서 EAS까지." 『동아시아 국제정치』. 제9권 1호.

조재욱. 2008. "중일협조체제와 동아시아 지역경제통합." 『국가전략』. 제14권 3호. 세종연구소.

최영종. 2003. 『동아시아 지역통합과 한국이 선택』. 아연출판사.

______ 외. 2003. 『동아시아 공동체』. 한양대학교 출판부.

최원기. 2006. "중국의 한·중 FTA 추진배경과 한·중FTA 전망." 『주요국제 문제분석』. 12월호. 외교안보연구원.

카롤린 포스텔-비네. 용경식 역. 1999. 『일본과 신아시아』. 한울.

한국동북아지식연대 편. 2005. 『동북아 공동체를 향하여』. 동아일보사.

한용섭. 2003. 『동아시아 안보공동체』. 나남.

2. 영문

Amitav, Acharya. 2002. *Regionalism and Multilateralism*. Singapore: Times Academic Press.

Balassa, Bela. 1961. *The Theory of Economic Integration.* London: George Allen& Unwin Ltd.

Calder, Kent F. 2007. *East Asian Multilateralism: Prospects for Regional Stability.* Johns Hopkins Univ Press.

Dent, Christopher M. 2005. *East Asian Regionalism.* London: Loutledge Curzon.

Funabashi, Yoichi. 1993. "The Asianization of Asia." *Foreign Affairs.* Vol. 72, No. 5(November/December).

Gilpin, Robert. 1987. *The Political Economy of International Relations.* Princeton, NJ: Princeton University Press.

Haggard, Stephan. 1997. "The Political Economy of Regionalism in Asia and the Americas." Edward D. Mansfield & Helen V. Milner(eds). *The Political Economy of Regionalism.* New York: Columbia University Press.

Krugman, Paul. 1999. "Balance Sheets, the Transfer Problem and Financial Crises." P. Isard, A. Razin(eds). *International Financial and Financial Crises.* Kluwer Academic Publisher.

Licoln, Edward J. 2004. *East Asian Economic Regionalism.* Washington, D.C.: Brookings Institution Press.

Lispon, Charles. 1984. "International Cooperation in Economic and Security Affairs." *International Organization.* Vol. 37, No. 1.

Monnet, Jean. 1978. *Memoirs.* Doubleday & Company.

Mori, Kazuko. 2007. *A New East Asia : Toward a Regional Community.* Univ of Hawaii Press.

Munro, Ross H. 1992. "Awakening Dragon: The Real Danger in Asia From China." *Policy Review*. No. 62.

Nordhaug, Kristen. 2005. "The United States and East Asia in an Age of Financialization." *Critical Asian Studies*. Vol. 37, No. 1.

Pempel. T.J. 2005. *Remapping East Asia: The Construction of a Region*. Cornell University Press.

Ravenhill, John. 2001. *APEC and the Construction of Pacific Rim Regionalism*. Cambridge: University of Cambridge.

__________. 2002. "A three bloc world? The New East Asian Regionalism," *International Relations of the Asia-Pacific*. Vol. 2.

Sachs, Jeffrey. 1998. "Fixing the IMF Remedy." *The Banker*.

__________. 1998. "The IMF and the Asian Flu." *The American Prospect*. Vol. 9, No. 37.

Stiglitz, Joseph E. 2002. *Globalization and Its Discontents*. New York: W.W. Norton.

Stubbs, Richard. 2002. "ASEAN Plus Three: Emerging East Asian Regionalism?" *Asian Survey*. Vol. 42, No. 3(May/June).

Tomas, Nick. "ASEAN+3: C/comunity Building in East Asia." *Journal of International and Area Studies*. Institute of International Affairs.

Yoshida, Masami. 1994. "Regional Economic Integration in East Asia: Special Features and Policy Implications." in Vincent Cable and David Henderson(eds). *Trade Blocs?: The Future of Regional*

Integration. London: Royal Institute of International Affairs.

Virillo, Paul. 1994. *Global Financial Integration: The End of Geography*. London: Chatham House.

Wibisono, Makarim. 2004. "ASEAN Should Be in 'Driver's Seat' in Any Asian Summit." *AFP*.

3. 일문

江橋崇. 2006. 『域內不戰の共同體を: 東アジア市民連帶の法文化形成』. 東海大學.

姜尙中. 2001. 『東北アジア共同の家をめざして』. 平凡社.

關志雄. 2003. "中國のWTOとFTA戰略." 『中國經濟新論』.

谷口誠. 2004. 『東アジア共同體 經濟統合のゆくえと日本 』. 岩波書店.

吉野文雄. 2006. 『東アジア共同體は本當に必要なのか』. 筑摩書房.

東海大學平和戰略國際研究所. 2006. 『東アジアに「共同體」はできるか』. 社會評論社.

大沼保昭. 2000. 『東亞の構想 21世紀東アジアの規範秩序を求めて』. 筑摩書房.

對外關係タスクフォス. 2002. "世紀日本外交の基本戰略: 新たな時代, 新たなビジョン, 新たな外交." 首相官邸.

東アジア共同體評議會. 2006. "李洙勳韓國大統領諮問東北亞時

代委員會委員長との懇談メモ."

森嶋通夫. 2001.『日本にできることは何か』. 岩波書店.

西川潤. 平野健一郎(編). 2007.『東アヅア共同體の構築3: 國際移動と社會變容』. 岩波書店.

小寺彰. 2003. "對アジアFTAの可能性: 制度の觀點から."『日中經協ジャーナル』. 109号. 日中經濟協會.

小島朋之. 2005. "東アジア共同と日中協力." 『アジア 研究』. 第51卷2号. アジア政經學會.

小原雅博. 2005.『東アジア共同體』. 日本經濟新聞社.

小澤一郎. 1993.『日本改造計劃』. 講談社.

松本健一. 2006.『日・中・韓のナショナリズム 東アジア共同體への道』. 第三文明社.

榊原英資. 2002. "爲替がわかれば世界がわかる."『文藝春秋』. 12月号.

伊藤憲一. 2005.『東アジア共同體と日本の針路』. 日本放送出版協會.

日朝國交促進國民協會. 2005.『日朝關係と六者協議: 東アジア共同體をめざ』. 彩流社.

佐藤考一. 2001. "EAEC構想とASEAN＋3非公式首腦會議."『東亞』. 404号. 霞山會.

佐藤東洋士(編). 2006.『東アジア共同體の可能性-日中關係の再檢討』. 御茶の水書房.

進藤榮一. 2007.『東アジア共同體をどうつくるか』. 筑摩書房.

中啓示(編). 2006.『東アジア共同體という幻想』. ナカニシヤ出版.

中川八洋. 2007.『亡國の東アジア共同體』. 北星堂書店.

和田春樹. 2003.『東北アジア共同の家: 新地域主義宣言』. 平凡社.

조재욱

▌약 력

조재욱은 경남대학교 정치외교학과를 졸업하고, 동 대학원 정치외교학과에서 박사학위를 취득하였다. 이후 한신대학교, 한국방송통신대학교, 해군사관학교 등에서 강의를 하였으며, 현재는 경남대학교 신문방송정치외교학부 강의전담 교수로 재직하고 있다. 저서로는 『위기의 일본, 변화의 일본: "잃어버린 10년"의 정치경제』(공저, 2009)가 있으며, 논문으로는 「2005년 중의원 선거와 일본의 정당구도: 55년 체제로의 회귀?」(2006), 「동아시아에 대한 일본의 FTA 정책과 한계」(2008), 「중·일 협조체제와 동아시아 지역경제통합: 일본리더십 한계를 중심으로」(2008), 「동아시아 통화·금융협력과 일본: 동인, 구상 그리고 한계」(2008) 등이 있다.

표류하는
동아시아 공동체

초판인쇄 | 2009년 12월 10일
초판발행 | 2009년 12월 10일

지 은 이 | 조재욱
펴 낸 이 | 채종준
펴 낸 곳 | 한국학술정보㈜
주   소 | 경기도 파주시 교하읍 문발리 파주출판문화정보산업단지 513-5
전   화 | 031) 908-3181(대표)
팩   스 | 031) 908-3189
홈페이지 | http://www.kstudy.com
E-mail | 출판사업부 publish@kstudy.com
등   록 | 제일산-115호(2000. 6. 19)

ISBN   978-89-268-0535-0 93340 (Paper Book)
        978-89-268-0536-7 98340 (e-Book)

내일을여는지식 ■ 은 시대와 시대의 지식을 이어 갑니다.